Guide Illustré
par H. MAGRON
DU TRAMWAY de Caen à la Mer

3ᵉ ÉDITION

LA PLUS BELLE PLAGE de LA MANCHE

TERRAINS DEPUIS 0ᶠʳ 50 le mètre (remise faite)

PAYABLES PAR MOIS OU AVEC DE FORTES REMISES

FRANCEVILLE-PLAGE
Station de Merville (Calvados)

POUR TOUS RENSEIGNEMENTS,
s'adresser :
à Mᵉ PESCHET,
Notaire à Caen
au bureau de vente de
FRANCEVILLE - PLAGE
ou au siège administratif,
A PARIS : PALAIS DU COMMERCE,
140, RUE RÉAUMUR,
& RUE D'ABOUKIR, 76.

TÉLÉPHONE à Paris,
à Franceville-Plage, par Cabourg (Calvados).

GRAND BAZAR PARISIEN

86, rue St-Jean, CAEN

ENTRÉE LIBRE  **ENTRÉE LIBRE**

Rayon de parfumerie
Horlogerie, bijouterie, orfèvrerie. — Maroquinerie et articles de Par
Ombrelles, cannes et parapluies
Lingerie, mercerie, bonneterie. — Dentelles, rubans, velours et passementer
Rayon de mode pour dames et enfants
Trousseaux et layettes. — Costumes d'enfant et toilettes de baptên
Gants, cravates et foulards
Rayon de chapellerie, chaussures. — Confection pour hommes et jeunes ge
Rayon de tapisserie et ameublements
Couvre-pieds, matelas. — Couvertures, édredons en tous genr
Glaces et tableaux
Meubles de cuisine et de jardin. — Spécialité de sommiers sur mesu
Petits meubles de fantaisie. — Sièges en tous genres
Grand assortiment d'articles de voyage. — Articles d'éclairage, suspensio
Rayon d'articles de la Chine et du Japon
Porcelaine, faïence, verrerie, cristaux — Articles de ménage, fer battu, émai
Spécialité pour hôtels et restaurants
Porcelaine et faïence décorées. — Zinguerie, boissellerie
Vannerie fine et ordinaire
Papeterie, librairie, musique. — Fournitures de bureau et d'écolier
Registres et cahiers en tous genres
Accessoires pour le dessin. — Couleurs fines et fournitures pour la peintu
Grand choix d'encriers fantaisie
Immense assortiment de voitures d'enfant. — Jeux de jardin en tous gen
Grand choix de jouets au premier étage

PRIX FIXE ～～～ **PRIX FIXE**

Spécialité d'articles pour bains de mer

GUIDE ILLUSTRÉ

du

TRAMWAY DE CAEN A LA MER

GUIDE ILLUSTRÉ

DU

TRAMWAY DE CAEN A LA MER

PAR

H. MAGRON

DÉPÔT LÉGAL
CALVADOS
N° 73 A
1899

Caen — Ouistreham — Hermanville — Lion-sur-Mer
Luc-sur-Mer — Ranville — Sallenelles — Le Home-Varaville
Cabourg — Dives

TROISIÈME ÉDITION

CAEN
IMPRIMERIE CH. VALIN
7 et 9, rue au Canu

1899

ITINÉRAIRE DU TRAMWAY

de Caen à la Mer

La ligne du Tramway de Caen à la Mer part, à Caen, des abords de l'église Saint-Pierre, suit le quai de la Londe, traverse les communes d'Hérouville et de Blainville, laisse sur la droite Colombelles et Longueval, en longeant le canal de Caen à la Mer, sur la rive gauche duquel elle est construite. A la hauteur du pont de Ranville, elle se bifurque.

D'une part, elle continue à suivre le canal jusqu'à Ouistreham, s'incline à gauche pour côtoyer la mer en desservant Colleville, Hermanville, Lion et aboutir à Luc-sur-

---

A. DENIZE 59 et 61, rue St-Pierre, **CAEN**

TROUSSEAUX — LAYETTES

Mer, où elle rejoint le chemin de fer de Caen à la Mer.

D'autre part, elle traverse les ponts de Bénouville et de Ranville, passe par Sallenelles et le Home pour se relier, à Cabourg-Dives, à la ligne de Trouville.

L'itinéraire du tramway peut donc se diviser en trois sections :

1° De Caen au pont de Bénouville ;
2° Du pont de Bénouville à Luc-sur-Mer ;
3° Du pont de Bénouville à Cabourg-Dives.

A. DENIZE 59 et 61, rue St-Pierre, **CAEN**
TOILES — LINGE DE TABLE

I

DE CAEN AU PONT DE BÉNOUVILLE

CAEN

46,417 habitants. — Chef-lieu du Calvados, au confluent de l'Orne et des Odons, à 239 kilomètres de Paris, à 14 kilomètres de la mer.

Climat doux, humide en hiver ; écarts de température peu élevés ; vents de mer dominant, ouest-nord-ouest.

Siège de l'Université de Normandie, comprenant dans sa juridiction le Calvados, la Manche, l'Orne, la Sarthe, la Seine-Inférieure. — Faculté des Sciences, Faculté des Lettres, Faculté de Droit. — École de Médecine et de Pharmacie. — Station agronomique de la Manche et du Calvados. — Écoles normales d'instituteurs et d'institutrices ; lycée de garçons, collège de jeunes filles. — École

A. DENIZE 59 et 61, rue St-Pierre, CAEN
LINGERIE POUR DAMES.

d'hydrographie. — Conservatoire de musique, Écoles municipales de dessin, de sculpture.

Cour d'appel à laquelle ressortissent le Calvados, la Manche et l'Orne. — Tribunal civil, Tribunal de commerce, deux Justices de paix, Conseil de préfecture, Conseil de prud'hommes.

Chef-lieu de la 10e brigade de la 5e division militaire du 3e corps d'armée (Rouen). — Chef-lieu de la première circonscription de remonte. — Un régiment d'infanterie (le 5e et le 36e alternativement), 23e régiment territorial d'infanterie. — Un Commandant du génie, un Commandant d'artillerie. — Une compagnie de gendarmerie, une compagnie de cavaliers de remonte.

Chambre de commerce. — Port de mer: deux bassins à flot accessibles aux navires de 8 à 900 tonneaux, calant de 5^m à $5^m 20$. — Mouvement annuel du port: 735 navires à voiles, jaugeant 90,450 tonneaux, et 745 navires à vapeur, jaugeant 100,300 tonneaux. — Commerce d'huile, voitures, dentelles, briquettes. — Tanneries. — Scieries. — Dressage de chevaux. — Bois du Nord. — Pierres. — Céréales.

Postes et Télégraphes. — Bureau central à l'hôtel de ville, rue de l'Hôtel-de-Ville. — Second bureau rue Singer, au coin de la rue de la Marine.

Bureau central de police. — A l'hôtel de ville. Un bureau de commissaire de quartier est installé près la tour Leroy, à gauche de la station du tramway.

Gares. — *De l'Ouest*, rive droite de l'Orne, à Vaucelles,

A. DENIZE 59 et 64, *rue St-Pierre*, **CAEN**
LINGE CONFECTIONNÉ

avenue de la Gare. — *de la Mer*, place St-Martin, avenue de Courseulles.

Omnibus-tramways. — Service entre la gare de l'Ouest et la rue de Bayeux, de 6 heures du matin à 10 heures du soir (le trajet : 0 fr. 15).

Entre la rue de Bayeux et la Maladrerie (le trajet : 0 fr. 10).

Voitures de place. — Stations place de la République, place des Tribunaux et boulevart St-Pierre (en face l'abside de l'église), à gauche de la station du tramway.

Tarif : en deçà de l'octroi, 1 fr. la course, 2 fr. l'heure de 7 heures du matin à 10 heures du soir ; 0 fr. 50 en plus à partir de 10 heures du soir. — Au delà de l'octroi, dans un rayon de 6 kilomètres, 3 fr. 50 la course, — 0 fr. 20 par colis.

Voitures publiques. — Pour Houlgate-Beuzeval, rue St-Jean, 79.

Thorigny par Caumont, café du Centre, rue St-Pierre.
Creully, café Henry, rue St-Pierre.
Tilly-sur-Seulles, café James.
Villers-sur-Mer, café St-Pierre.

Bateaux à vapeur pour le Havre. — Quai de Juillet.
Départs suivant la marée. — Les heures sont affichées au bureau et dans les principaux hôtels de la ville.

Bateaux à vapeur pour Londres (VIA NEWHAVEN), par les steamers « *Calvados* », « *Trouville* » et « *Prince Arthur*.

Départs de Caen les lundi, mercredi et vendredi. —

A. DENIZE   59 et 61, *rue St-Pierre*, **CAEN**
Mouchoirs blancs et fantaisie

Départs de Newhaven les mardi, jeudi et samedi. — Pendant la saison d'été, départ de Caen tous les jours, sauf le dimanche.

Pour tous renseignements, s'adresser à M. Frank Lethbrige, 30, quai Vendeuvre.

Agence de locations. — Roger, 28, rue de Bras.

Cercles. — Cercle national, au café de la Bourse, rue St-Jean ; — Cercle de la rue St-Jean, au fond de la cour de l'hôtel d'Angleterre ; — Cercle des étudiants, rue St-Pierre, au café du Grand-Balcon ; — Cercle de la garnison, place de la République ; — Société Caennaise de photographie. (Les ateliers, rue des Jacobins, 12, sont à la disposition, sur le vu de leurs cartes, des membres des Sociétés photographiques correspondantes.)

Bains. — Des lavoirs publics (derrière la gendarmerie ; — Castillon, rue St-Louis.

Bains de rivière. — Derrière les tribunes des courses et à l'extrémité du Grand Cours.

Bibliothèques. — A l'hôtel de ville et au palais de l'Université.

Musée de Tableaux. — A l'hôtel de ville : *Mariage de la Vierge*, du Pérugin ; — *Saint Jérôme*, du même ; — *Descente de Croix*, du Tintoret ; — *Judith*, *Tentation de saint Antoine*, de Paul Véronèse ; — *La Vierge et trois Saintes*, d'Albert Durer ; — *Salomon devant l'Arche*, de Lesueur ; — *Melchisedech offrant le pain et le vin à Abraham*, de Rubens ; — *Portrait d'un magistrat*, par

A. DENIZE 59 et 61, rue St-Pierre, **CAEN**
SERVIETTES DE TOILETTE

Tourmières ; — *Chasse*, d'Oudry ; — *Cheval dévoré par des loups*, de P. de Vos ; — *Cuisine*, de Sneyders. — Collection Mancel. — Collection de Montaran. — Collection Langlois (au pavillon).

Musée des Antiquaires. — Rue de Caumont.

Musée d'Histoire naturelle. — Rue Pasteur.

Églises. — *Saint-Étienne* ou *Abbaye aux Hommes*, fondée par Guillaume le Conquérant vers 1064 ; son tombeau est au centre du chœur. — *La Trinité* ou *Abbaye aux Dames*, fondée par la reine Mathilde, dont le tombeau est au milieu du chœur réservé aux religieuses de l'hôtel-Dieu. — *Saint-Pierre*, admirable clocher et charmante abside du XVe siècle, due à l'architecte Sohier. — *Saint-Jean*, avec ses tours penchées. — *Saint-Sauveur*, deux nefs et deux absides. — *La Gloriette* ou *Notre-Dame*, style jésuite. — *Le Vieux Saint-Étienne*, remarquable spécimen de l'architecture anglo-normande du XVe siècle.

Édifices civils. — Hôtel de ville. — Lycée, escalier et réfectoires remarquables ; tableaux de Restout, Lépicier, Sébastien Bourdon, Mignard ; belles boiseries. — Le Château, avec son ancienne porte de secours. — L'hôtel-Dieu. — L'École de dressage, établissement modèle. — Le nouvel Hôtel de l'Université.

Maisons historiques ou curieuses. — Hôtel de Than, rue St-Jean, XVIe siècle ; — Rue St-Jean, nos 37 (dans la cour), maison du XVe siècle ; 94, maison du XVe siècle ; 142, maison de Daniel Huet ; 148, emplacement de la

A. DENIZE 59 et 61, rue St-Pierre, CAEN

Rideaux au mètre et encadrés

maison de Charlotte Corday ; 209, maison de Malfilâtre ; — rue des Carmes, 44, hôtel de l'Intendance, où séjournèrent les Girondins en 1793 ; — rue de Langannerie, n° 7, maison de Segrais ; — quai Vendeuvre, n° 8, maison de Choron ; — rue Montoir-Poissonnerie, n°s 10 et 12, maisons en bois du XVIe siècle ; — Hôtel de Valois ou d'Écoville, place St-Pierre, où se trouvent la Bourse et le Tribunal de commerce, XVIe siècle, sculptures remarquables ; — rue de Geôle, n° 31 maison des Quatrans, en bois, tour en pierre datant de 1541 ; — rue de Geôle, 17, maison dite des quatre fils Aymon ; — cour de la Monnaie, avec l'Hôtel de Mondrainville et l'ancien Hôtel des Monnaies (XVIe siècle) ;— Maisons de bois aux n°s 18, 20, 52, 54, de la rue St-Pierre ; — Maison où naquit Malherbe, place Malherbe ; — rue des Capucins, n° 16, maison à la Tête-de-Mort.

Célébrités. — SOYER, architecte de l'abside St-Pierre, XVe siècle.

GRAINDORGE, inventeur des toiles damassées, XVIe s.
Jean MAROT, le père du poète, 1457-1517.
DE BRAS, historien de Caen, 1504-1593.

A. DENIZE

59 et 61, rue St-Pierre, CAEN

CHEMISERIE MODERNE

Malherbe, poète, 1555-1628. (Statue à la Faculté.)
Segrais, académicien, 1625-1701.
Huet, historien de Caen, 1630-1721.
Varignon, mathématicien, 1654-1722.
Malfilatre, poète élégiaque, 1732-1767.
La Rue, historien de Caen, 1751-1835.
Decaen, général, 1769-1832.
Choron, compositeur de musique, 1771-1834.
Auber, compositeur de musique, 1782-1871. (Statue place de la République.)

PROMENADES

Dans la ville : le Grand Cours et le cours Sadi-Carnot, avec la prairie où se tiennent les courses ; — les cours Caffarelli et Montalivet, sur les rives de l'Orne ; — le Jardin des plantes, place Blot : belles serres, collection remarquable d'orchidées ; — la Tour des Gens-d'armes, faubourg de Calix. (Voir page 17.)

Hors de Caen : Abbaye-d'Ardennes ; — château de Fontaine-Henry ; — carrières d'Allemagne et de May-sur-Orne ; — château de Fontaine-Étoupefour ; — Louvigny ; — pèlerinage de N.-D. de la Délivrande ; — stations balnéaires (Luc, Langrune, St-Aubin, Courseulles, Lion, Hermanville, Ouistreham, Franceville-Plage, Le Home, Dives, Cabourg, Beuzeval, Houlgate, Villers, Deauville, Trouville).

Maisons recommandées. — Grand restaurant Pépin, Chandivert, successeur de Fabre, place du Marché-au-Bois. — Épicerie Morillon, rue Saint-Jean, 85. — Tastemain, mercerie et passementerie, rue des Quatre-Vents, 4. — Pâtisserie

A. DENIZE 59 et 61, rue St-Pierre, CAEN
CHEMISES SUR MESURE

Stiffler, rue Saint-Jean, 82. — Mme Paul Amand, modes, rue Saint-Jean, 87. — Lithographie Boisselet, passage Bellivet, 31. — Cristofuli, mosaïque pierre, marbre, rue Saint-Jean, 255. — Hôtel de France, avenue de la Gare. — Chapellerie Alfred Gast, rue de Strasbourg, 5. — Hôtel moderne, boulevard Saint-Pierre. — Teinturerie Hénault-Morel, rue Saint-Jean, 76. — Pharmacie V. Mullois, rue Saint-Pierre, 41. — A. Lecoq, graveur, 35, boulevard Saint-Pierre. — Ve Mury, café rive gauche du Canal et à la gare du tramway.— Ve Maurice, teinturerie caennaise, rue Neuve-St-Jean, 24. — A la Parisienne, Devaux, modes, rue St-Jean, 34. — Barette, paysagiste, 46, rue de Geôle. — Mauger, fabricant de chaussures, rue de Strasbourg, 4. — Chapellerie Thiré fils, place St-Pierre. — Comptoir national d'escompte, place de la République. — Jacquemin, poissons et coquillages, rue Basse, 9. — Cordonnerie J. Frété, rue St-Jean, 21.—Librairie Massif, Jouan, successeur, rue St-Pierre, 111. — Café-restaurant Bouteiller, cours Sadi-Carnot. — Liqueur La Pomme, 38, quai Vendœuvre. — Crédit lyonnais, place de la République, 8. — Mahieu, entreprise de fêtes publiques, 34, place St-Sauveur. — Lechesne, dentiste, rue Sadi-Carnot.— Bunel, 30, rue de l'Engannerie, vins et spiritueux. — Grands magasins Renard-Benoit, boulevard du Théâtre. — Agence de location Roger, 28, rue de Bras. — Chaudronnerie et plomberie, Planquette, 23, rue de Bras.— Chaussures, Lechevrel-Lajoie, 22, boulevard Saint-Pierre.— Pianos, Bonnaventure, 7, rue de l'Oratoire. — Chemiserie Denize, 59, rue Saint-Pierre. — Grand bazar parisien, rue Saint-Jean, 86. — Hôtel d'Angleterre, rue Saint-Jean, 77. — Chaussures, 37, rue Guillaume-le-Conquérant, Mme Vincent.

A. DENIZE — 59 et 61, rue St-Pierre, **CAEN**
CHEMISES CONFECTIONNÉES

Après avoir traversé le pont de Courtonne et longé le bassin à flot, sur le quai de la Londe, laissant derrière lui la tour Le Roi et l'abside Saint-Pierre, dont l'ensemble forme une des vues les plus pittoresques de Caen, le tramway s'incline à gauche, dépasse le pont tournant qui relie le bassin à flot au canal, et va s'engager sous la rangée d'arbres à l'abri desquels il longe le canal de Caen à la Mer dans toute son étendue.

Commencé en 1843, le canal fut ouvert en 1857; il mesure 14 kilomètres de longueur, et il est traversé par quatre ponts tournants, à Calix, Colombelles, Blainville et Bénouville.

A. DENIZE — 59 et 61, rue St-Pierre, CAEN

CRAVATES, FAUX COLS, MANCHETTES

L'élévation du plan d'eau, de façon à permettre le passage des bateaux de fort tonnage, est actuellement en voie d'exécution.

Depuis le point de départ, à Caen, jusqu'au pont de Benouville, on remarque successivement sur le parcours du tramway :

Sur le territoire de Caen même : (à droite du bassin) la maison de refuge dite Couvent de la Charité, les docks, les clochers de Saint-Jean, la Miséricorde, et des fabriques et scieries se prolongeant jusqu'au nouveau bassin à flot.

(A gauche du bassin.) Après avoir dépassé les magasins de briquettes et bois du Nord, on trouve : le bureau de l'officier de port, placé au tournant en face du pont ; la petite chapelle en bois du culte réformé ; la masse imposante des bâtiments de l'*Hôtel-Dieu* et de l'Église de la *Trinité* ou *Abbaye aux Dames* (fondée en 1062 par la reine Mathilde, dont le tombeau se trouve dans le chœur des religieuses, restaurée en 1854 par Ruprick Robert. — L'Hôtel-Dieu est installé dans les bâtiments de l'abbaye, reconstruits de 1704 à 1726. — Parc splendide, labyrinthe en limaçon d'où l'on jouit d'un beau panorama sur la vallée de l'Orne).

On longe ensuite le nouveau bassin à flot, formé par l'élargissement du canal.

Sur le parcours du tramway de Caen à Luc et à Dives, on distingue trois sortes de stations : des *stations* proprement dites, avec gares pour la distribution des billets et l'enregistrement des bagages ; — des *haltes*, auxquelles les trains s'arrêtent régulièrement pour prendre et laisser les voyageurs, mais dans lesquelles il n'y a pas d'enregis-

A. DENIZE — 59 et 61, rue St-Pierre, CAEN
Bonneterie et ganterie pr hommes

trement de bagages ; les voyageurs doivent de plus payer directement leurs places aux conducteurs des trains pendant le trajet ; enfin des simples *arrêts*, auxquels les trains ne s'arrêtent que sur la demande des voyageurs, qui doivent prévenir le conducteur du train. — On s'arrête également quand il y a des voyageurs attendant le passage du train au poteau indicateur. Les billets sont pris directement au conducteur pendant le trajet.

LA TOUR DES GENS-D'ARMES (*arrêt*)

dont on aperçoit la silhouette à travers les arbres des jardins bordant le canal. (Restes d'un manoir bâti sous Louis XII, par Gérard de Nollent ; mur crénelé avec médaillons reliant deux tours, dont la plus importante est ornée de deux statues représentant des hommes d'armes.)

CALIX (*halte*) (faubourg de Caen)

Pont tournant sur le canal conduisant aux prairies entre le canal et l'Orne, pour aboutir au Nouveau-Monde et à Mondeville.

LA CHAPELLE (*arrêt*) des Frères de la Doctrine chrétienne

Sur le territoire de la commune d'Hérouville. — Maison mère avec petit et grand noviciat, scolasticat, où se

A. DENIZE, 59 et 61 rue St-Pierre, CAEN
Gilets flanelle, caleçons

forment les jeunes gens qui se destinent à l'enseignement congréganiste. — Chapelle construite par un particulier, à la suite d'un vœu : style gothique, reproduction en petit, aussi exacte que possible, de l'église de Lourdes. Au pied de la chapelle, statue de la Vierge au milieu de rochers imitant ceux des Pyrénées.

HÉROUVILLE-COLOMBELLES (halte)

Hérouville est sur le canton est de Caen, à 5 kilomètres de Caen. — 630 habitants.

Autrefois, une fontaine coulant au pied de l'église était renommée pour le traitement des maladies d'yeux. Elle était sous la protection de saint Clair, dont la statue se voit encore dans une petite niche du mur de l'église, à l'endroit où se trouve aujourd'hui un lavoir public.

Un pont tournant, sur le canal, conduit à Colombelles (canton de Troarn, à 7 kilomètres de Caen). — 204 habitants.

BEAUREGARD (arrêt)

Château construit par l'architecte Pelfresne : parc superbe ; — grand élevage de chevaux.

A. DENIZE — 59 et 61, rue St-Pierre, CAEN
TROUSSEAUX — LAYETTES

BLAINVILLE (halte)

Canton de Douvres à 7 kilomètres de Caen et à 10 kilomètres de Douvres. — 282 habitants.

CHATEAU DE BÉNOUVILLE (arrêt)

Château du XVIIIe siècle, précédé d'un péristyle, entouré d'un parc admirable. — Appartient à M. le baron Lasseur.

BÉNOUVILLE (station)

Canton de Douvres, à 10 kilomètres de Douvres et de Caen. — 296 habitants.

Bénouville s'appelait autrefois Port-Mauvais. C'était, d'après M. de Caumont, « un port où abordaient les navires ».

L'église possède un chœur du XIIIe siècle.

A la station de Bénouville s'opère la bifurcation de la ligne : elle continue, d'un côté, pour aller à Ouistreham, et, de l'autre côté, elle se dirige vers Cabourg en traversant le canal et la rivière d'Orne.

A. DENIZE — 59 et 61, rue St-Pierre, **CAEN**
Toiles — Linge de table

II

DU PONT DE BÉNOUVILLE A LUC-SUR-MER

A partir du pont de Bénouville, le tramway est installé sur le chemin de halage du canal; il est bordé à gauche par d'assez importantes carrières de moellon, d'où a été extrait le ballast nécessaire à la construction de la voie. — A droite, entre le canal et la rivière, s'étend le marais connu sous le nom de Maraiquai. — Exploitation de carrières de moellon.

LE HAUT OUISTREHAM (*arrêt*)

OUISTREHAM (*station*)

(Canton de Douvres, à 11 kilomètres de Douvres et à 14 kilomètres de Caen, 1206 habitants.)

A. DENIZE 59 et 61, rue St-Pierre, **CAEN**
LINGERIE POUR DAMES

Ouistreham relie, par le canal, le port de Caen à la mer. L'entrée du chenal est protégée contre les bancs de sable par une double jetée en bois ; elle se termine en pleine mer par une sorte de petit mur formé de grosses pierres sans mortier, que l'on désigne sous le nom de *Cordon*, et où se trouvent des moules très estimées des amateurs. La jetée vient d'être récemment prolongée du côté ouest.

On distingue, à Ouistreham, le port, le sas et l'avant-port, séparés par de colossales portes de flot; dans le port, se trouve une station de torpilleurs. A remarquer : le phare sur la rive droite du canal (il était autrefois dans la tour de l'église), le sémaphore indiquant la hauteur de l'eau dans le chenal et situé sur la rive gauche, et le parc aux huîtres installé derrière le sémaphore.

C'est par Ouistreham que passent tous les bateaux se rendant à Caen, sauf les bateaux à vapeur à aubes. Ceux qui font le service régulier de Caen au Havre suivent la rivière d'Orne, et font escale à la pointe du Siège. (Cependant, à morte eau, ces derniers circulent également par le canal et Ouistreham.) Le mouvement de navires par an est d'environ 800 navires à voiles, et 600 navires à vapeur, jaugeant ensemble 110.000 tonnes.

Le port de Ouistreham se relie par de belles avenues très ombragées au village, bâti un peu dans les terres; car la véritable station balnéaire, de création récente, est à l'ouest du port et porte le nom de :

A. DENIZE

59 et 61, rue St-Pierre, **CAEN**

LINGE CONFECTIONNÉ

RIVA-BELLA (Siège social de la Cie des tramways)

Plage de sable fin avec d'assez jolies maisons construites en façade sur la mer et dans des rues perpendiculaires au rivage.

Maisons à louer depuis 150 fr. et 400 fr. par mois.

Postes et télégraphes. — Le bureau est situé à Riva-Bella. — Il y a une seconde boîte aux lettres sur le port. — Deux distributions par jours.

Alimentation et fournisseurs. — On trouve à Ouistreham des fournisseurs de toute sorte.

Vente du poisson à la criée, sur la pierre, à Riva-Bella, tous les matins pendant la saison des bains.

Hôtels. — Nombreux hôtels sur le port à Ouistreham même et à Riva-Bella.

Maisons recommandées. — Hôtel du Chalet, à Riva-Bella, tenu par M. Malicorne, propriétaire. — Hôtel de l'Univers, tenu par M. Janvier, à Ouistreham. — Boucherie parisienne (E. Bunel), à Ouistreham, Grande Rue, et à Riva-Bella. — Desnoyers, entreprise de travaux et location de maisons. — Restaurant Chauffrée (jetée de Ouistreham).

Pharmacien. — Grande Rue. — On trouve à la pharmacie les produits nécessaires à la photographie.

PROMENADES

Dans l'intérieur du village de Ouistreham, visiter l'église, monument historique remarquable, restauré dernièrement

---

A. DENIZE 59 et 61, rue St-Pierre, CAEN
Mouchoirs blancs & fantaisie

par MM. Douin, sculpteurs à Caen, sous la direction de M. Delaroque. Elle est classée par M. de Caumont dans les églises du style roman de transition, où l'on voit un grand nombre d'ogives associées au plein cintre. D'autres auteurs soutiennent qu'elle a été bâtie à deux époques distinctes : la nef appartient au XIIe siècle, tandis que le chœur et la tour ne remontent qu'au XIIIe. — Traverser le pont tournant en face la station du tramway, et suivre, dans la dune, un chemin vers l'est qui conduit à la pointe du Siège, où se trouve l'embouchure de l'Orne. Plusieurs villas et un poste de douaniers y sont construits.

On peut traverser en bateau (on en trouve à la Douane) la rivière, et se rendre sur les bancs de sable de la rive droite, où se fait, en septembre et octobre, une abondante pêche d'équilles. L'équille ou lançon est

A. DENIZE 59 et 61, rue St-Pierre, **CAEN**

SERVIETTES DE TOILETTE

un petit poisson argenté que l'on pêche dans le sable à marée basse.

— Sur les bords de l'Orne croît en abondance une sorte d'herbe grasse dite Christe-Marine (salicornia herbacea), dont les ménagères font macérer les branches dans le vinaigre pour servir de condiment à l'instar des cornichons. — Se rendre en bateau au banc des Oiseaux (800 mètres du rivage) : on rencontre sur cette île toutes les variétés d'oiseaux des côtes normandes. La chasse de mer est ouverte toute l'année.

A partir de Ouistreham jusqu'à Luc-sur-Mer, la ligne du tramway, construite sur le revers de la route départementale, suit le rivage de la mer, que l'on ne perd pas de vue. Entre la mer et la ligne s'étendent des dunes où de nombreux chalets s'élèvent, à Riva-Bella, Hermanville, Lion et Luc.

De Riva-Bella à Luc, on trouve successivement Colleville-sur-Orne, Hermanville-sur-Mer et Lion-sur-Mer.

COLLEVILLE-SUR-ORNE (halte)

Canton de Douvres. — A 7 kilomètres de Douvres et à 13 kilomètres de Caen. — 457 habitants.

Le village est enfoncé dans les terres et n'offre rien de remarquable.

La halte du tramway est presque en face de l'ancienne redoute de Colleville, aujourd'hui déclassée, et qui

---

A. DENIZE 99 et 61, rue St-Pierre, **CAEN**
Rideaux au mètre et encadrés.

avait pour but autrefois de défendre l'entrée de la Fosse de Colleville. On désigne sous ce nom une sorte de baie naturelle entre Colleville et Ouistreham, que l'on a eu plusieurs fois la pensée de transformer en port véritable. Ce projet, attribué à Vauban, avait été repris sous le premier Empire ; lors de la construction du canal, on l'abandonna pour donner la préférence aux passes de Ouistreham.

Dans le but de désensabler le chenal actuel, il a été également question d'opérer la dérivation de l'Orne, qui, au lieu de contourner la pointe du Siége, déboucherait dans l'avant-port de Ouistreham, et pourrait produire, suivant les besoins, des chasses puissantes pour dégager l'entrée du port. (Voir la brochure de M. Knell, membre de la Chambre de commerce, sur le port de Caen, l'Orne et le canal maritime. Imprimerie Leblanc-Hardel, à Caen, 1880.)

On dit que c'est à Colleville qu'un habitant de Ouistreham, nommé **Michel Cabieu**, réussit en 1762 à faire échouer une descente de nuit des Anglais sur nos côtes, en simulant à lui seul tout un régiment : il bat la charge, imite le piétinement d'une troupe sur le pont de bois qui reliait jadis le village de Ouistreham aux dunes, tire des coups de feu à divers endroits, commande des troupes imaginaires et fait si bien que l'ennemi, se croyant surpris, se retira laissant un officier blessé. Le Roi récompensa le brave garde-côte en lui allouant une pension de 300 livres ; ses compatriotes lui décernèrent le titre de général Cabieu. Il mourut à Ouistreham en 1804. La ville de Caen a donné son nom à une rue dans le quartier du port. (Consulter *Les Grands Cœurs*, par Gaston Lavalley, édité par Charavay, Mantoux et Cie, 4, rue de Furstenberg, Paris.)

A. DENIZE

59 et 61, *rue St-Pierre*, CAEN

CHEMISERIE MODERNE

LES HAUTES-SENTES (arrêt)

Chemin conduisant au village d'Hermanville.

Brèche d'HERMANVILLE-SUR-MER (station)

Canton de Douvres. — Le village est à 6 kilomètres de Douvres et à 13 kilomètres de Caen. — 715 habitants.

La Brèche est le point de départ de la station balnéaire d'Hermanville, distante de 1 kilomètre du village qui porte le même nom. De création récente, cette station se distingue par l'élégance de ses chalets, bordant une magnifique terrasse parfaitement entretenue par les soins de l'Association amicale des riverains d'Hermanville-sur-Mer. (Président : M. Maruitte, propriétaire, au château d'Hermanville ; trésorier : M. Jouin, chalet Notre-Dame.)

A. DENIZE   59 et 61, rue St-Pierre, **CAEN**
CHEMISES sur MESURE

Les villas de la Brèche (Madame Gravier), La Tour (Dr Fayel), Les Marmousets (Dr Guiot), La Néva, Le Logis (M. Magron), etc., etc., sont des spécimens intéressants du style néo-normand, importé sur nos plages par M. Beaumier, architecte à Caen, et Maucler, architecte à Dives. — Aux Marmousets, statuettes du sculpteur Casini (Caen, rue du Costil-Saint-Julien).

Plage de sable fin offrant toute sécurité aux enfants, très agréable à marée basse pour le croquet et le lawn-tennis. — Recherchée des familles qui aiment le calme loin des casinos bruyants. *Très belles routes* **pour les cyclistes**, aboutissant au rond point de la Brèche, et se dirigeant vers Luc, Ouistreham et Caen par le village d'Hermanville.

Maisons à louer depuis 500 francs : s'adresser sur place, à la Bréchette, à la gare du tramway et aux agences de Lion.

Postes et télégraphes. — Même bureau que celui de Lion-sur-Mer; il est situé sur la route suivie par le tramway, à 200 mètres de la gare d'Hermanville, un peu avant d'arriver à l'église de Lion. — Une boîte aux lettres existe à la villa de Vienne.

Aucune redevance n'est due pour le port des dépêches télégraphiques à domicile.

Alimentation, Fournisseurs. — Il faut s'adresser au village d'Hermanville ou à Lion ; mais, chaque matin, les bouchers, boulangers, marchands de légumes, etc., viennent prendre les commandes de la journée. Les grandes maisons d'épicerie de Caen (Morillon, etc., etc.) viennent

A. DENIZE   59 et 61, *rue St-Pierre*, **CAEN**
Chemises confectionnées

également à domicile plusieurs fois par semaine. On trouve des œufs, du lait, de la volaille dans les fermes du village.

Médecin et pharmacien. — On trouve un médecin et un pharmacien à Lion.

Bains. — Baigneur sur la plage. Prix : baigneur, 0,50 ; costume, 0,40 ; peignoir, 0,25 ; serviette, 0,10 ; bain de pieds chaud, 0,10. — Mât de signal et bouées de sauvetage. — Promenades en mer. — Location de cabines : environ 25 fr. par mois ; 40 fr. le mois d'août.

PROMENADES

Visiter l'église d'Hermanville : belle tour romane ; la nef a été récemment restaurée avec goût. — Avenues du château : prendre à la Brèche la route du village, traverser le carrefour et suivre le deuxième chemin à droite. — Bois du Caprice : traverser le village, prendre le dernier chemin à gauche, traverser Colleville et Saint-Aubin-d'Arquenay ; il est à gauche de ce dernier village.

A mer basse, on pêche entre Hermanville et Ouistreham beaucoup de crevettes grises, que les gourmets préfèrent à la crevette franche ou bouquet. Cette dernière se trouve aussi dans les rochers qui découvrent aux grandes marées. — On ne trouve plus de crevettes grises à partir de Luc.

Le village d'Hermanville compte un certain nombre de femmes s'occupant de la fabrication de la dentelle à la main, dite dentelle de Bayeux. Cette industrie est répan-

A. DENIZE   59 et 61, *rue St-Pierre*, **CAEN**
Cravates, Faux Cols, Manchettes

due dans tout le canton de Douvres, malgré les imitations nombreuses que l'on fait aujourd'hui à la mécanique.

En 1888, les principaux fabricants du canton ont offert à Mme Carnot une robe en dentelle de Bayeux. — Nous donnons ci-contre le portrait d'après nature d'une des ouvrières ayant travaillé à cette robe.

LION-SUR-MER (*station*)

Canton de Douvres. — A 5 kilomètres de Douvres et à 14 kilomètres de Caen. — 1,045 habitants.

La station balnéaire de Lion se relie sans interruption avec celle d'Hermanville par une terrasse commençant à la Brèche, pour finir aux falaises qui séparent Lion de Luc-sur-Mer. — Plage de sable fin avec une petite bordure de galets.

La commune de Lion est divisée en deux parties : le Haut-Lion, enfoncé dans l'intérieur des terres (halte), et le Bas-Lion, où sont les habitations des pêcheurs et les villas de la station balnéaire. Ces villas, comme celles d'Hermanville, sont remarquables par leur élégance ; et les lecteurs du guide Conty, dans lequel on dit que « Lion n'a rien de coquet, ni comme constructions, ni comme disposition », doivent être surpris agréablement à leur arrivée dans cette station.

A deux cents mètres environ de la côte commencent les rochers du Calvados : c'est une série de roches plates, découvrant aux grandes marées et se dirigeant vers Luc ;

A. DENIZE   59 et 61, rue St-Pierre, **CAEN**
Bonneterie et ganterie p^r hommes

on y trouve des crevettes franches dites bouquet, cachées en assez grande abondance dans les longs varechs que les pêcheurs désignent sous le nom d'étoles.

Entre Lion et Luc s'étendent, vers l'ouest, des falaises qui ne manquent pas de pittoresque, malgré leur peu de hauteur.

Les falaises entre Luc et Lion-sur-Mer sont formées par des calcaires jurassiques de l'étage bathonien, très riches en fossiles ; certains lits sont presque entièrement constitués par des bryozoaires. Les couches d'argile du rivage renferment de nombreux brachiopodes fossiles, appartenant aux genres *terebratula*,

rhynchonella, et des oursins. La dernière couche des calcaires bathoniens se montre dans la petite falaise de Lion-sur-Mer, perforée par des lithodomes et couverte de serpules et d'huîtres adhérentes. Ce banc marque la séparation des calcaires bathoniens et des argiles du Cornbrash, visibles au-dessus d'eux dans la falaise et dans les petites carrières qui sont situées près du chemin. Ces argiles et

A. DENIZE
59 et 61, rue St-Pierre, CAEN

GILETS FLANELLE — CALEÇONS

calcaires du Cornbrash sont aussi très riches en fossiles, surtout en rhynchonelles et en térébratules (1).

A la Brèche-Marais, à l'aboutissant d'une petite vallée quaternaire, aujourd'hui comblée, se trouve un dépôt de diluvium, dans lequel on a recueilli des ossements de rhinocéros à narines cloisonnées et de mammouth, associés à des silex taillés de la forme du Moustier. Dans l'argile qui est à la partie supérieure des falaises et dans les champs qui les bordent, on peut recueillir des silex taillés de la période néolithique. En outre, sur plusieurs points de la falaise, cette argile rouge renferme des amas de coquilles d'huîtres, de moules, de vignots, placés dans le voisinage de foyers : ces *débris de cuisine* datent certainement de l'époque historique, et probablement de l'époque romaine ; car ils renferment quelquefois des débris de poteries grossières ou de tuiles rouges à rebord, attribués généralement à l'époque romaine.

Les falaises sont entaillées par de nombreuses cavités, communiquant entre elles par des ouvertures latérales souvent étroites, d'où le nom de *confessionnaux*. — Ces petites grottes, fermées par le flot à chaque marée, sont fort agréables à mer basse, et servent souvent aux baigneurs de salles à manger ou de salles de travail improvisées.

Maisons à louer depuis 300 fr. — S'adresser aux agences.

---

(1) Pour plus de renseignements, voir les *Études sur les étages jurassiques inférieurs de la Normandie* de Er. Deslonchamps, et l'*Esquisse géologique de la Basse Normandie* de M. A. Bigot.

A. DENIZE 59 et 61, *rue St-Pierre*, **CAEN**
TROUSSEAUX — LAYETTES

Postes et télégraphes. — Bureau situé près de l'église et de la halte du tramway.

Alimentation et fournisseurs. — On trouve à Lion des bouchers, boulangers, épiciers, charcutiers, fournisseurs de toutes sortes. De plus, les grandes maisons de comestibles de Caen viennent plusieurs fois par semaine prendre et porter les commandes à domicile. — Marché les mardi, jeudi et samedi, près de l'église.

Tous les matins, vente du poisson à la criée, sur la terrasse, en face l'hôtel Baucher. La pierre à poisson est très suivie par les baigneurs, qui viennent eux-mêmes y faire leur marché. — Les toilettes élégantes ne manquent pas à cette promenade du matin.

Hôtels. — Nombreux hôtels à prix modérés.

Médecin. — Dr Gautier, rue de la Mer.

Pharmacien. — Rue de la Mer.

Bains froids et chauds. — Sur la plage, on trouve des maîtres baigneurs qui louent des costumes et des cabines. On demande ordinairement pour un bain : cabine, 0,20 ; linge, 0,25 ; costume, 0,40 ; bain de pieds chaud, 0,10 ; pour un bain avec baigneur, 0,50. — La location d'une cabine est ordinairement de 25 fr. par mois ; le mois d'août seul, 40 fr.

Maîtres Baigneurs. — Vasnier, Pinchon, A. Pesnel.

On ne trouve des bains chauds que chez A. Pesnel, sur la plage. Prix : bain, 2 fr. ; — à l'abonnement, 1 fr. 50 ; fond de bain, 0,25 ; peignoir, 0,15 ; serviette, 0,10.

A. DENIZE — 59 et 61, *rue St-Pierre*, **CAEN**
TOILES — LINGE DE TABLE

Maisons recommandées.—Au Bon Marché, Grand Bazar, Turpin, rue des Falaises. — Hôtel du Calvados, tenu par Paty, propriétaire. — Mériel, place de l'Église, agence de locations, épicerie.

PROMENADES

Visiter l'église, près de la halte du tramway. La nef est du XI° siècle ; sur le bas côté gauche, on remarque, à l'extérieur, un exemple de la construction dite en arête de poisson ; le chœur est du XIV° siècle, chapelle latérale moderne ; tour élevée avec trois étages d'arcades romanes. — On trouve dans le cimetière plusieurs beaux mausolées.

Le château, dans le Haut-Lion, entouré de magnifiques avenues ; style renaissance. Le canon placé à l'entrée de la grille du château provient, dit-on, d'un navire anglais lors de la descente de 1762, qui échoua grâce à l'héroïsme du général Cabieu. (Voir page 26.) — A basse mer, longer les falaises entre Lion et Luc.

Culte. — Un office protestant se célèbre régulièrement tous les dimanches au château de Lion.

A. DENIZE 59 et 61, rue St-Pierre, **CAEN**
Lingerie pour dames

LE HAUT-LION (*arrêt*)

Le chemin de droite (pour le voyageur allant vers Luc) conduit à la mer, celui de gauche au château et au Haut-Lion.

PETIT-ENFER (*arrêt*)

Chemin conduisant à l'annexe de l'hôtel du Petit-Enfer, en passant devant le laboratoire de la Faculté des Sciences.

A. DENIZE   59 et 61, rue St-Pierre, CAEN
LINGE CONFECTIONNÉ

LUC-SUR-MER (*station*)

Canton de Douvres. — A 3 kilomètres de Douvres et à 15 kilomètres de Caen. — 1,406 habitants.

Plage de sable mêlé de petits cailloux, bordée par une digue-promenoir asphaltée sur une longueur de 1 kilomètre environ. — Un casino et un établissement de bains sont établis au N.-O. du village, près du ruisseau qui sépare Luc de Langrune. On y trouve des salles de théâtre, concerts, bal, cercle, jeux, café, restau-

A. DENIZE 59 et 61, *rue St-Pierre*, **CAEN**
Mouchoirs blancs et fantaisie

rant, ainsi qu'un établissement de bains (notamment bains de varech, fort abondant sur la côte, et hydrothérapie maritime).

Luc n'est pas riche en maisons élégantes : il n'y a guère à citer que la maison Larivière, à l'extrémité de la plage, du côté de Langrune (style Louis XIII).

Outre l'église paroissiale, de construction moderne et située à l'entrée du Vieux-Luc (on désigne sous ce nom la partie de la commune qui s'enfonce dans les terres et qui est reliée à la plage par une avenue plantée d'arbres, appelée rue de la Mer), on trouve sur la droite, avant d'arriver à la plage, une chapelle pour les baigneurs, élevée sous le vocable de Notre-Dame de l'Espérance (style ogival, chaire en pierre, beaux autels). Les offices y sont célébrés pendant la saison des bains.

Luc possède un petit port naturel protégé par les roches dites « les Essarts de Langrune », et qui sont le commencement des rochers du Calvados, dont l'extrémité, « la tête du Calvados », est située au N.-E. d'Arromanches.

A. DENIZE 59 et 61, rue St-Pierre, CAEN
SERVIETTES DE TOILETTE

C'est sur ces rochers que périt corps et biens le navire *Salvador*, de l'invincible Armada, lequel a donné son nom, un peu dénaturé, à cette partie de la côte et au département. — On compte une vingtaine de barques de pêcheurs. Pendant la saison, de grandes bisquines viennent charger les foins que les cultivateurs apportent à marée basse ; ce commerce donne à la plage un aspect assez pittoresque.

A l'extrémité est de la jetée, c'est-à-dire à la naissance des falaises qui séparent Luc de Lion, a été installé un laboratoire d'histoire naturelle qui dépend de la Faculté des Sciences de Caen.

Maisons à louer depuis 300 fr. — S'adresser directement aux propriétaires. Il n'y a pas d'agence spéciale pour les locations.

Postes et Télégraphes. — Le Bureau est à gauche en tournant le dos à la mer, au milieu de la rue de la Mer.

Alimentation et Fournisseurs. — On trouve des fournisseurs de toutes sortes. — Un marché se tient tous les matins sur la place, en face du Petit-Enfer.

La vente du poisson se fait tous les matins à la criée, sur la pierre destinée à cet usage et située sur la place, en face l'hôtel du Petit-Enfer.

Médecin. — Dr Sossol, rue de la Mer.

Pharmacien. — Il n'y a pas de pharmacien à Luc. Il faut aller, soit à Douvres par le chemin de fer de Caen à la mer, soit à Lion ou Ouistreham par le tramway.

A. DENIZE

59 et 61, *rue St-Pierre*, CAEN

Rideaux au mètre et encadrés

Hôtels. — Nombreux hôtels ayant tous leur omnibus à la gare.

Maisons recommandées. — Hôtel des familles, sur la plage. — Früh-Mollier, pâtissier.

Bains froids et chauds. — L'établissement des bains est sur la digue.

PROMENADES

Luc correspond, par la ligne du chemin de fer de Caen à la mer, aux stations balnéaires qui bordent le littoral : Langrune, St-Aubin, Bernières et Courseulles.

Visiter surtout : l'église de Langrune, qui remonte en partie au XIIIe siècle ; belle tour, chaire en pierre, chapiteaux de l'abside à remarquer. — L'église moderne de St-Aubin. — L'église très remarquable des Bernières, une des plus importantes des environs de Caen : belle tour de 67 mètres de hauteur, percée de fenêtres en ogive et terminée par une pyramide (XIIIe siècle) ; porche magnifique ; chœur du XIIIe siècle avec retables et boiseries ; nef des XIe et XIIe siècles ; dans la chapelle, à gauche, tableau sur bois (le crucifiement) remontant à Charles IX.

— Le château de Courselles, style Louis XIII, le port et les parcs aux huîtres.

Le chemin de fer de Caen à la mer conduit également au célèbre pèlerinage de **N.-D. de la Délivrande**, visité chaque année par une moyenne de 150,000 fidèles. La

A. DENIZE   59 et 61, rue St-Pierre, CAEN
CHEMISERIE MODERNE

statue miraculeuse est placée dans une niche élégante d'une chapelle moderne, flanquée de deux tours et ornée de bas-reliefs, construite sur les plans de M. Barthélemy, architecte à Rouen.

Le service du culte est confié aux missionnaires de la Délivrande, dont la maison s'élève non loin de là.

On dit que la chapelle primitive a été fondée par saint Regnobert ; qu'elle fut détruite par les Normands, reconstruite en 1050 par Baudoin, seigneur de Reviers, et pillée par les protestants en 1562.

Louis XI vint y faire ses dévotions en 1473 ; il séjourna 5 jours avec les seigneurs de la Cour.

La statue de la Vierge, indiquée miraculeusement à des bergers par des moutons, fut enlevée pendant la révolution et restituée sous le premier Empire. — La

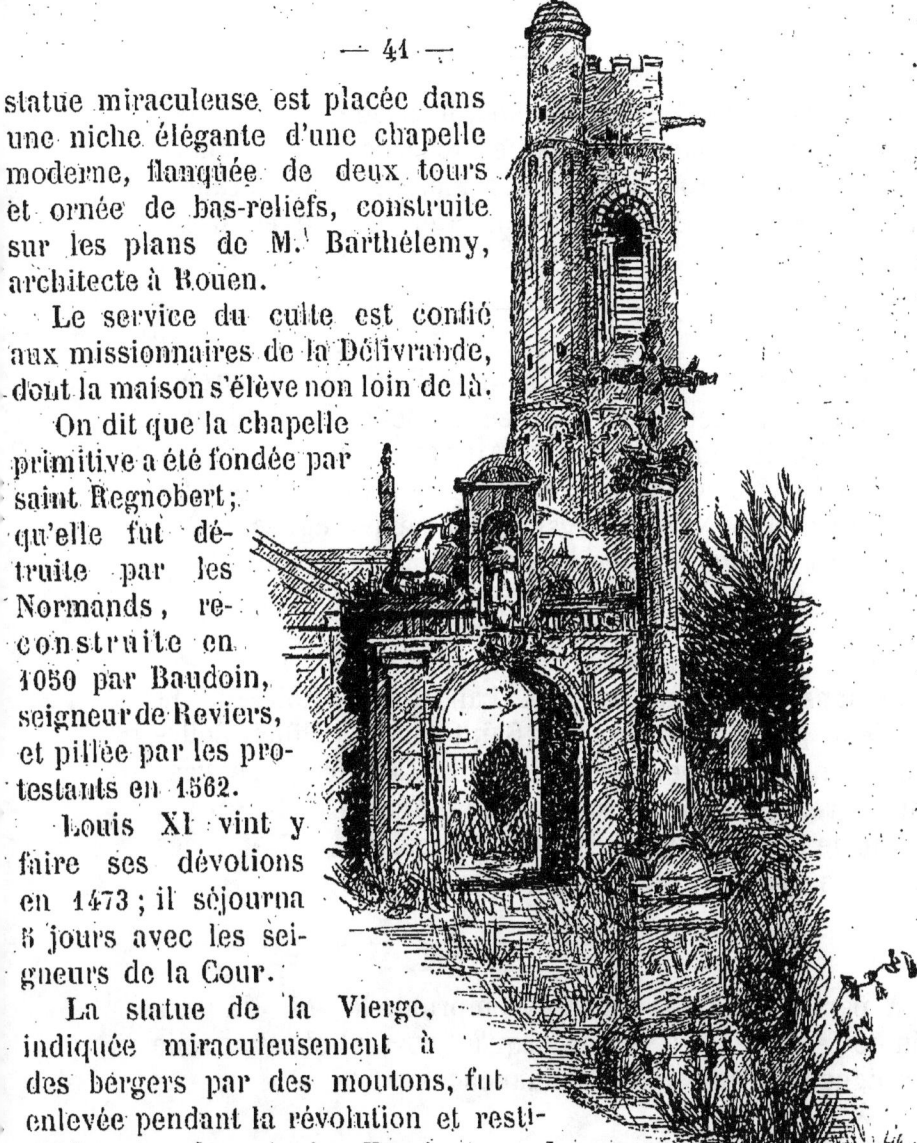

A. DENIZE 59 et 61, rue St-Pierre, CAEN
Chemises sur mesure

Vierge miraculeuse a été couronnée, le 22 août 1872, avec l'autorisation du Souverain Pontife ; tous les ans, l'anniversaire de ce couronnement est célébré avec une grande pompe. Le 22 août 1895, la chapelle a été érigée en basilique mineure.

Dans l'intérieur de Luc, on peut visiter l'église paroissiale, située au Vieux-Luc. L'église actuelle est moderne, d'un beau style roman, due à M. Auvray, architecte de la ville de Caen. On a conservé dans le cimetière le porche et la tour (XIIe et XIVe siècles) de l'ancienne église, ainsi qu'une croix élégante datant de 1662.

Maisons recommandées. — A Langrune : Hôtel de la Mer, tenu par M. Cauvin. — A Saint-Aubin : Hôtel Belle-Vue, tenu par Mme veuve Vermont ; E. Chrétien, rue Pasteur, entrepreneur de travaux. — A Courseulles : L. Surblé, 19, rue de la Mer, vins et eaux-de-vie, cidre. — Hôtel des Étrangers, tenu par M. Le Bœuf, propriétaire.

A partir de Luc, le tramway emprunte la voie du chemin de fer de Caen à la mer jusqu'à Courseulles, et se relie à la ligne de tramway d'Arromanches.

A. DENIZE — 59 et 61, *rue St-Pierre,* **CAEN**
Chemises confectionnées

III

DU PONT DE BÉNOUVILLE

A CABOURG-DIVES

Le tramway traverse d'abord le canal sur le pont tournant, consolidé à cet effet, puis le lit de l'ancienne rivière d'Orne, sur une chaussée, et enfin l'Orne sur un pont tournant d'une seule pièce, qui mérite une mention toute spéciale.

PONT DE RANVILLE (arrêt)

Le pont de Ranville, sur la rivière navigable l'Orne, a été construit, en 1870, pour donner passage a un chemin vicinal de grande communication.

Cet important ouvrage se compose de deux culées et d'une pile centrale en maçonnerie, et d'un tablier métallique tournant.

La pile centrale, d'un diamètre de 7m90 et fondée par les procédés de l'air comprimés à 17m25 au-dessous du niveau des plus basses mers, a été construite par M. Castor, entrepreneur à Paris. Tous les autres ouvrages, de maçonnerie et des abords ont été effectués par M. Jeanne Deslandes, entrepreneur à Lisieux.

Le tablier métallique, qui a 66m30 de longueur, repose et pivote sur la pile centrale, par l'intermédiaire d'un appareil de roulement à engrenages ayant quelque analogie avec celui des plaques tournantes de chemin de fer. Lorsque le pont est fermé à la navigation, le tablier est appuyé à ses extrémités sur les culées au moyen de vérins à vis. Lorsqu'il est ouvert à la navigation, le tablier est amené dans l'axe du chenal, et laisse aux navires deux

A. DENIZE 59 et 61, *rue St-Pierre*, **CAEN**
Cravates, faux cols, manchettes

passes égales de 28m60 de largeur. La manœuvre est faite par deux hommes, qui ouvrent et referment le pont en 12 minutes.

Ce tablier a été construit et mis en place par les usines du Creusot.

Tous les travaux ont été effectués en 1869-1870, sous la direction de M. l'Agent voyer en chef Guillot.

Le pont de Ranville, destiné à l'origine au roulage ordinaire et à la circulation de voitures chargées seulement de 5 tonnes sur un essieu, a fait l'objet d'importants travaux de renforcement, pour donner passage au tramway à vapeur de Dives à Luc-sur-Mer. Sans modifier les poutres ni leurs points d'attache, les poutrelles ou entretoises, les longerons, goussets, fourrures, etc., ont été renforcés par de nouvelles pièces métalliques, et tout le tablier a été remanié, nettoyé et peint à neuf. En outre, des équerres en fer ont été ajoutées pour supporter les traverses, rails et entre-rails de la voie ferrée posée sur le tablier. Enfin, les travaux de renforcement ont été effectués de manière à assurer sur le pont le passage d'un train du poids maximum de 72 tonnes.

Les ouvrages de renforcement ont été exécutés dans les premiers mois de 1892, par les usines du Creusot, sur les projets d'exécution dressés par M. Pradel, directeur du chantier de Châlons et sous la direction de M. l'Agent voyer en chef Lecourt, auteur du projet de tramway de Dives à Luc-sur-Mer.

A partir de Bénouville, le tramway traverse successivement :

A. DENIZE   59 et 61, rue St-Pierre, CAEN

BONNETERIE & GANTERIE pr HOMMES

RANVILLE (*halte*)

Canton de Troarn. — A 9 kilomètres de Troarn et à 11 kilomètres de Caen. — 488 habitants.

Église nouvellement construite dans le style ogival; ont voit encore une tour isolée qui dépendait de l'ancienne église. Le château appartient à la famille de Guernon-Ranville, dont l'un des membres fut ministre sous Charles X. On a retrouvé dans le village des sépultures anciennes.

FERME DE LA POSTE (*arrêt*)

Cette ferme dépend du village de l'Écarde. — Boîte aux lettres.

AMFRÉVILLE-L'ÉCARDE (*halte*)

Canton de Troarn. — A 8 kilomètres de Troarn et à 14 kilomètres de Caen. — 387 habitants.

RUE PATRA (*arrêt*)

Route conduisant au hameau Oger. — Château d'Herbecourt et Thibout.

A. DENIZE   59 et 61, *rue St-Pierre*, **CAEN**
Gilets flanelle, caleçons

SALLENELLES (station)

Canton de Troarn. — A 11 kilomètres de Troarn et à 15 kilomètres de Caen. — 285 habitants.

Au bord d'une vaste étendue de sable vaseux, qui n'est entièrement recouverte par la mer qu'aux grandes marées. — Pêche abondante d'équilles et chasse de gibier d'eau ouverte toute l'année, comme nous l'avons dit pour Ouistreham.

MOULIN DUBUISSON (arrêt)

Le moulin, aujourd'hui détruit, était mû par un bief se jetant dans l'Orne. — Propriété Drieu. — A visiter : la très intéressante ferme Dubuisson. (Portail avec armoiries. — Souterrains.)

MERVILLE (halte)

Canton de Troarn. — A 12 kilomètres de Troarn et à 18 kilomètres de Caen. — 234 habitants. — Vieille église, murs en arêtes de poisson, Ancien château à tourelles.

Sur la gauche, on aperçoit la pointe de Merville où, chaque année, les régiments en garnison à Caen viennent faire les tirs à longue portée.

Vers Varaville, visiter la maison normande de M. le comte de Gallouet.

A. DENIZE — 59 et 61, rue St-Pierre, CAEN
TROUSSEAUX — LAYETTES

FRANCEVILLE-PLAGE (*halte*)

Canton de Troarn, à 13 kilomètres de Troarn et à 17 kilomètres de Caen.

De création récente, cette plage de sable fin, très unie, sans aucun galet, offrant toute sécurité aux enfants, est appelée, en raison de sa situation exceptionnelle, au plus grand avenir.

Les avenues symétriques et superbes qui viennent d'y être construites et relient, en desservant cette localité, la route du tramway à la mer, donnent à l'ensemble un cachet d'élégance qui sera encore rehaussé lorsque tous les travaux entrepris par les fondateurs, y compris l'installation de l'électricité, seront achevés.

Les nombreux massifs de sapins qui s'y trouvent assurent aux habitants un ombrage parfait, comme l'on n'a pas l'habitude d'en rencontrer ordinairement sur les plages sablonneuses.

Chasse et pêche. — Ces parages ont toujours été le rendez-vous des amateurs de ces passe-temps, attirés par la facilité que donne la régularité de la plage pour la pêche, et surtout par le célèbre Banc des Oiseaux, si connu des chasseurs de la région, sans compter la proximité de l'embouchure de l'Orne si poissonneuse et ses rives où le gibier pullule.

Alimentation. — Les fournisseurs de Cabourg et de Sallenelles livrent tous les jours à domicile, et en outre les

---

A. DENIZE   59 et 64, *rue St-Pierre*, **CAEN**

TOILES — LINGE DE TABLE

grandes maisons de comestibles de Caen viennent prendre les commandes plusieurs fois par semaine.

Postes et télégraphes. — Bureaux à Sallenelles et à Merville ; et, dernier cri du progrès, le Téléphone est installé à Franceville-Plage même.

Ventes et locations. — Le service de la vente des terrains et de la construction des villas est installé au bureau placé en face de l'arrêt du tramway : on peut là obtenir, tous renseignements, de même qu'au siège central de Paris, 110, rue Réaumur et, 76, rue d'Aboukir.

Le nombre des villas construites, dont quelques-unes fort jolies, est déjà considérable, si l'on se reporte à la date récente de la fondation (1898).

Nous croyons devoir signaler aux hôteliers et commerçants l'intérêt qu'il y aurait à s'établir actuellement dans cette station, appelée à devenir l'une des plus importantes du littoral.

Excursions. — Il serait oiseux d'énumérer toutes les excursions que l'on peut faire de cette plage, si bien placée à un point central, soit que l'on se dirige vers Riva-Bella, Lion, Luc, etc, ou vers Cabourg, Villers, Trouville, etc.

MARGAUX (arrêt)

Villa du compositeur Planquette, l'auteur des *Cloches de Corneville*.

A. DENIZE 59 et 61, rue St-Pierre, **CAEN**
Lingerie pour dames

LE HOME SAINTE-MARIE (halte)

AVENUE BOURGEOIS (arrêt)

LE HOME-BONNARIC (arrêt)

Ces trois arrêts desservent les propriétés avoisinantes. Beau château, style néo-normand.

LE HOME-VARAVILLE (halte)

Dépend de la commune de Varaville, canton de Troarn. — A 9 kilomètres de Troarn et à 18 kilomètres de Caen. — 289 habitants.

Surnommé, par certains esprits chagrins, la plage de l'Arbre-Sec à cause de ses dunes et de ses montagnes de sable, le Home n'en possède pas moins une plage splendide ornée de plusieurs jolies villas (maison Bonaric-Bagatelle).

Les Courses dites de Cabourg, qui ont lieu chaque année après les Courses de Caen, fixées elles-mêmes le premier dimanche d'août et les lundi, mardi et mercredi suivants, se tiennent sur l'hippodrome du Home.

Visiter les remarquables écuries appartenant à M. Gost, de Caen.

A. DENIZE — 59 et 61, rue St-Pierre, **CAEN**
LINGE CONFECTIONNÉ

Postes et télégraphes. — Une boîte aux lettres est placée à l'hôtel Ste-Marie.

Alimentation et fournisseurs. — Il faut s'adresser aux fournisseurs de Cabourg. Ils portent à domicile

Bains. — Il y a un baigneur à l'hôtel Ste-Marie.

Promenades et excursions. — (Voir à Cabourg.)

Au sortir du Home-Varaville, le tramway longe le champ de courses, traverse la Dives sur le pont de Cabourg, et, s'inclinant à gauche, vient se terminer à la nouvelle gare de Cabourg-Dives sur la ligne de Trouville.

BAS-CABOURG (arrêt)

Village composé de trois ou quatre fermes et vieilles masures.

CABOURG PÉPINIÈRE (arrêt)

Ainsi nommé des nombreux jardins et pépinières exploités à cet endroit.

A. DENIZE 59 et 61, rue St-Pierre, **CAEN**
Mouchoirs blancs et fantaisie

CABOURG (*station*)

Canton de Troarn. — A 15 kilomètres de Troarn et à 24 kilomètres de Caen. — 1,125 habitants.

L'origine de Cabourg ne remonte pas au delà de 1855; c'était auparavant un village de pêcheurs sans importance,

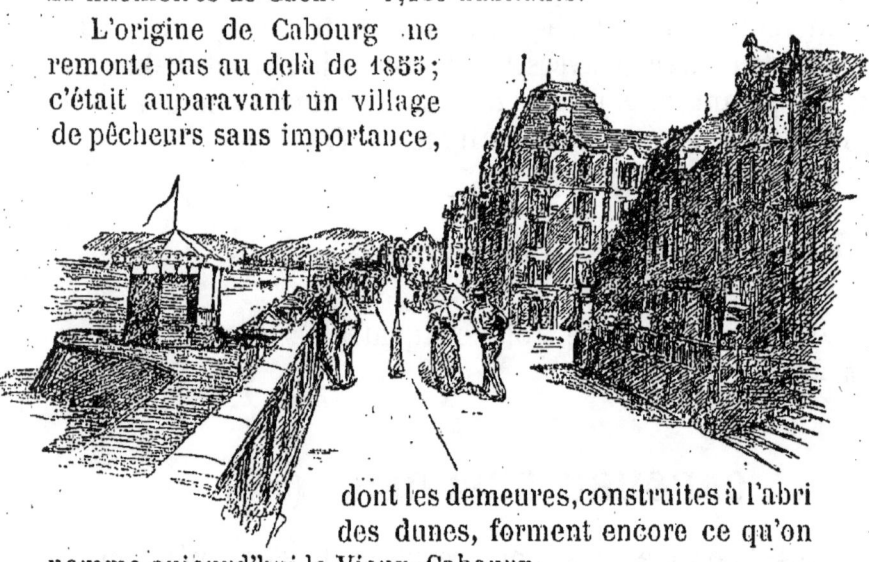

dont les demeures, construites à l'abri des dunes, forment encore ce qu'on nomme aujourd'hui le Vieux Cabourg.

Le nouveau bourg, construit en éventail, « a l'apparence « d'une ville dont le plan est trop vaste. Plus de 4 millions « y ont été dépensés en travaux par la Société, qui avait « acheté le sol 80.000 fr. aux anciens propriétaires. Beaux « hôtels, vaste casino, avenues grandioses, jardins anglais, « éclairage au gaz, rien ne lui manque aujourd'hui. » (A. Joanne.)

Outre son casino et des hôtels très importants,

A. DENIZE 59 et 61, *rue St-Pierre*, **CAEN**
SERVIETTES DE TOILETTE

Cabourg compte une quantité de villas remarquables : citons celles de M. Matharel de Fienne, de M. de Jancigny, de la Divette, la maison normande de Mme Bertaut, la Pibola, Green-cottage, etc.

Plage de sable fin, très unie, sans aucun galet.

A gauche de la route qui sépare le nouveau Cabourg de l'ancien, se trouve l'église, construite en 1848 dans le style ogival, par l'architecte Michel Pelfresne. — Fonts baptismaux du XIIe siècle. — Croix en pierre du XVIIe siècle.

Postes et télégraphes. — Le Bureau principal est situé à la mairie, avenue de la Mare. — Boîtes aux lettres : au Grand Hôtel (sous le passage à la mer) ; route de Caen à Dives (à l'extrémité de l'avenue de la Mare), et à l'entrée du jardin du Grand Hôtel.

Agences de location. — Jardin du Grand Hôtel et avenue de la Mare. — Maisons depuis 300 fr.

Pharmacien. — Avenue de la Mare.

Bains froids et bains chauds. — Au Grand Hôtel ; il y a des maîtres baigneurs.

Alimentation. — Marché couvert, tous les jours, avenue de Trouville ; grand marché tous les mercredis à la même place.

La vente du poisson se fait au marché ; il n'y a pas de pierre pour la vente à la criée.

Plaisirs. — Casino, théâtre, concerts et bal, etc. Pêche à marée montante dans la Dives et la Divette. —

A. DENIZE   59 et 61, rue St-Pierre, **CAEN**
Rideaux au mètre et encadrés

Pêches aux équilles dans le sable, en septembre et au commencement d'octobre.

EXCURSIONS

1° *A pied*. — A la colonne de Guillaume le Conquérant et au château Foucher de Careil ;
2° *A pied*. — A Houlgate-Beuzeval ;
3° *En voiture*. — A Trouville par la Croix d'Heuland et Tourgéville ;
5° *En voiture*. — A Villers par la route et retour par le Chaos et les Vaches-Noires, et la route de la Corniche ;
6° Au Home-Varaville ;
7° A Brucourt.

DIVES (*station*)

Canton de Dozulé. — A 9 kilomètres de Dozulé et à 24 kilomètres de Caen. — 1,141 habitants. — Sur la rive droite de la Dives, près de son embouchure dans la Manche.

« Le fait le plus important de l'histoire de Dives, dit
« A. Joanne dans son guide, est l'embarquement dans son
« port de cette armée de Guillaume le Conquérant, qui en
« partit pour aller conquérir l'Angleterre (67,000 hommes
« d'armes, 200,000 valets, ouvriers, pourvoyeurs). En
« voyant ce port dans son état actuel, on ne se douterait

A. DENIZE 59 *et* 61, *rue St-Pierre*, **CAEN**
CHEMISERIE MODERNE

« guère que la flotte de Guillaume put y stationner en
« 1066 ; de bien grands changements ont dû s'opérer à
« l'embouchure de la Dives ; car la mer s'est retirée de
« près de deux kilomètres, et de vastes prairies occupent
« l'emplacement de l'ancien port. D'après les plans exis-
« tants, la pointe de Cabourg se serait formée pendant les
« 19 années de 1790 à 1809. »

Des travaux récents ont été faits au port de Dives ; une usine métallurgique très importante s'est installée à proximité du port et de la gare.

Des travaux d'adduction ont amené à Dives les eaux de Brucourt.

Dives est une station romaine : on trouve encore, sur l'ancienne route de Dives à Rouen, un pavage curieux sur une étendue d'un kilomètre environ. — Des médailles et des vases romains ont été découverts, et sont conservés au Musée des Antiquaires à Caen.

L'église de Dives doit son origine à Robert le Diable, père de Guillaume le Conquérant ; elle fut détruite en 1436 par Édouard III, roi d'Angleterre. L'église actuelle date des XIVe et XVe siècles ; on y trouve encore des restes du bâtiment primitif (XIe siècle) : pierres tombales, tables de marbre portant les noms des compagnons du conquérant. — Un médiocre tableau rappelle une légende assez curieuse : « Des pêcheurs ayant tendu leurs filets dans la
« mer suivant leur habitude, en retirèrent un grand
« christ, qu'ils recueillirent avec vénération et apportèrent
« en grande pompe à l'église. On fit faire aussitôt une
« belle croix pour le recevoir, mais elle ne se trouva pas de
« dimension convenable ; on en fit une autre qui eut

A. DENIZE 59 et 61, rue St-Pierre, **CAEN**

CHEMISES sur MESURE

« le même sort, et successivement plusieurs croix qui,
« malgré les mesures prises avec le plus grand soin, se
« trouvèrent trop grandes ou trop petites, en sorte qu'il
« fallut y renoncer. A quelque temps de là et alors que
« toute la population était encore tout émue de ce mira-
« cle, ces mêmes pêcheurs retirèrent de la mer, dans
« leur filet, une grande croix qui s'adapta parfaitement
« au christ miraculeux. » — Ce christ, qui est en bois
sculpté, est placé dans une chapelle latérale.

Henri IV a séjourné à Dives, Mme de Sévigné également ;
on montre encore à l'Hostellerie le fauteuil où elle se reposa.

Remarquer les halles construites en bois (XIVe, XVe et
XVIe siècles); plusieurs maisons anciennes, dont l'une,
l'abbaye du Hibou, porte la date de 1695 (belle cheminée
Louis XIV avec écussons). — Visiter l'Hostellerie, dont
quelques parties remontent au XVIe siècle ; le propriétaire,
M. Le Rémois, conserve un grand nombre d'antiquités
artistement disposées dans deux jolies salles dites des
Marmousets et de la Pucelle, où les voyageurs peuvent se
faire servir leurs repas. (Vieux épis remarquables en terre
du Pré-d'Auge). — A mi-côte, sur la route qui conduit à
Beuzeval, maison normande construite par le restaurateur
Brebant.

Au N.-E. de Dives, sur la colline de Caumont, s'élève
le monument commémoratif du départ de Guillaume le
Conquérant, construit en 1866, sur l'initiative de M. de Caumont.

Postes et Télégraphes. — Le bureau est dans la rue
des Quais, à la sortie de Dives, vers Beuzeval.

A. DENIZE 59 et 61, rue St-Pierre, **CAEN**

Chemises confectionnées

Notariat. — Rue de Lisieux.

Médecins. — D' Lechevalier.

Pharmacien. — Place du Marché. (A remarquer, dans la pharmacie, de jolis pots en vieux rouen.)

Maisons recommandées. — Hostellerie de Guillaume le Conquérant, tenue par M. Le Remois, propriétaire. — Hôtel des voyageurs, tenu par M. Billard, propriétaire. — Grande épicerie normande (maison Tabon). — Boucherie Georges Denize, place du Marché.

A. DENIZE 59 et 61, rue St-Pierre, **CAEN**
CRAVATES, FAUX COLS, MANCHETTES

LES OREILLERS

CHANSON DES ÉPOUSAILLES AU XVᵉ SIÈCLE

D — *J'arrive en ce pays*
De Basse-Normandie
Vous die une chanson,
S'il plait la compagnie !

R — *Oui da, oui da, messieurs,* (bis)
S'il vous plait, nous la die. (bis)

D — *Sur le pont d'Arignon*
J'ai ouïe chanter la belle,
Qui par son chant disait (bis)
Une chanson nouvelle.

Les amours sont partis
Dans un bateau de verre
Le bateau a cassé (bis)
Les amours sont par terre.

Belle que donneriez-vous (bis)
Pour aller les requerre ? (bis)

A. DENIZE   59 et 61, rue St-Pierre, CAEN
Bonneterie et ganterie pʳ hommes

r — *Je leur ferais un don le*   ⎫
    plus beau de la terre.   ⎬ (bis)

r — *Je donnerais Paris,*   ⎫
    Rouen et la Rochelle.   ⎬ (bis)

d — *Belle que donneriez-vous*
    A qui veut les requerre ?

r — *Je donnerais Paris,*
    Rouen et la Rochelle,
    Et même bien mieux vaut
    Cent acres de ma terre !!!

d — *Brides cheval moreau*
    Et boutez-lui la selle,
    Guidez-le de l'éperon
    Devant la porte à la belle.

Et quand vous serez là
Mettez le pied à terre.
Vous frapperez trois petits coups (bis)
A la porte à la belle.

Ouvrez la porte, ouvrez !
Nouvelle mariée,
Car si vous ne l'ouvrez,
Vous serez accusée.

r — *Comme, grand Dieu, je l'ouvrirai ?*
    J'suis dans mon lit, couchiée
    Dans les bras de mon mari
    Por la première nuitée.

A. DENIZE   59 et 61, *rue St-Pierre*, **CAEN**

GILETS FLANELLE — CALEÇONS

D — *Comme, grand Dieu, j'attendrai ?* } (bis)
    J'ai la barbe gelée.

R — *Attendez à demain*
    La fraîche matinée,
    Quand mon mari
    Sera avec ses ouvriers.

D — *Comme, grand Dieu, j'attendrai ?*
    J'ai la barbe gelée,
    La barbe et le menton,
    La main qui tient l'épée.

R — *Attendez à demain*
    La fraîche matinée,
    Quant mon oiseau privé
    Aura pris sa volée.

D — *A pris son vol si haut,*
    La mer il a passée,
    La mer et les poissons (bis)
    Et toute la marée.

R — *Dans le jardin du roi*
    A pris sa reposée,
    Ceuillant le romarin,
    Lavande boutonnée.

A. DENIZE   59 et 61, rue St-Pierre, **CAEN**
                 TROUSSEAUX — LAYETTES

OISEAUX

Parmi les oiseaux qui fréquentent les plages, baies et embouchures des rivières du Calvados, il en est peu de sédentaires : presque tous sont migrateurs. Le printemps en ramène une vingtaine d'espèces ; les autres, au nombre d'une centaine environ, nous arrivent à l'automne ou même en hiver ; enfin, ceux de ces derniers qui vont passer la saison froide sur les bords de la Méditerranée reparaissent encore sur nos plages au printemps, mais en général, leur seconde apparition est de courte durée. Les espèces sédentaires et celles qui, chaque année, viennent faire chez nous un séjour plus ou moins long méritent d'être signalées, puisque ce sont des hôtes habituels ; quand à celles qui ne paraissent que de loin en loin, nous ne les mentionnerons que lorsqu'elles présenteront quelque particularité intéressante.

Le groupe des *Passereaux* ne fournit guère que trois espèces :

Alcedo hispida (L.). — Martin-Pêcheur, rare et sédentaire.

A. DENIZE — 59 et 61, rue St-Pierre, **CAEN**
TOILES — LINGE DE TABLE

Cotyle riparia (L.). — Hirondelle de rivage ; arrive en avril et repart en septembre. Elle creuse dans les couches sablonneuses des falaises des trous profonds de plus d'un mètre, au fond desquels elle dépose ses œufs.

Saxicola œnanthe (L.). — Motteux ou cul-blanc ; a l'habitude de se tenir perché sur une pierre ou sur une motte, d'où son nom. Il est encore connu sous le nom d'ortolan ; mais il faut se garder de le confondre avec le véritable ortolan, qui est un bruant. Arrive au printemps. Chair excellente.

Le groupe des *Échassiers* est beaucoup mieux représenté ; il comprend particulièrement :

— *Vanellus helveticus*. — Vanneau suisse ou vanneau pluvier. — Double passage, printemps et automne, en troupes très nombreuses. Vit bien dans les jardins.

Charadrius hiaticula (L.). — Grand pluvier à collier. Double passage, printemps et automne.

— *Charadrius philippinus* vel *minor* (Meyer), — Petit pluvier à collier. — Double passage. Espèce plus méridionale que la précédente.

— *Charadrius cantianus* (Latham). — Pluvier à collier interrompu. Double passage. C'est l'espèce la plus commune sur nos côtes.

Les pluviers ont l'habitude, au moment de l'émigration, de se mêler aux autres échassiers. Ils vivent par familles, par petits groupes ; volent et courent avec rapidité ; relèvent et abaissent brusquement la tête quand ils sont inquiets.

— *Hæmatopus ostralegus* (L.). — Huîtrier pie ou pie de mer ; se tient surtout dans les baies ; se nourrit de mollusques bivalves, qu'il ouvre très facilement avec son bec. Vit en troupes. Bec et pieds rouges.

— *Strepsilas interpres* (L.). — Tourne-Pierre ; se voient surtout en automne, par couples ou par petites familles. Se nourrissent de mollusques et de vers, qu'ils cherchent en retournant les galets à l'aide de leur bec. Vivent très bien dans les jardins.

— *Numenius arcuatus* (L.). — Courlis cendré ou grand courlis ; court avec rapidité. Double passage. Bec long et recourbé en bas.

— *Numenius minor* (L.). — Courlis corlieu ou petit courlis, plus rare que le précédent. De passage régulier au printemps et à l'automne.

Limosa rufa (Brisson). — Barge rousse. Double passage ; voyage en grandes bandes.

Calidris arenaria (Leach). — Sanderling des sables ; arrive en août et septembre, puis en avril et mai. A seulement trois doigts.

— *Tringa canutus* (L.). Bécasseau maubèche ; arrive en août et en avril ; vit solitaire ou par couple. Séjourne près de six mois sur nos côtes.

— *Tringa maritima* (Brünn). — Bécasseau violet ; nous visite assez rarement.

— *Pelidna subarcuata* (Brehm). — Bécasseau cocorli ; alouette de mer ; ne fait que passer sur nos côtes en mai et août.

— *Pelidna cinclus*. — Alouette de mer ; petite de mer ; double passage. Plus commune que la précédente.

— *Recurvirostra avocetta* (L.). — Avocette. Le bec est recourbé de bas en haut ; rare. A les pieds palmés comme

A. DENIZE   59 et 61, rue St-Pierre, **CAEN**

LINGE CONFECTIONNÉ

les palmipèdes. Ne fait que passer sur nos côtes.

— *Ardea cinerea*.— Héron cendré ; se voit à la fin de l'été mais toujours en petit nombre.

La plupart de ces *Echassiers* se nourrissent de vers, de mollusques, de petits crustacés ; ils courent en général avec rapidité, et déposent leurs œufs, sans aucun apprêt, soit sur le sable, soit parmi les galets du rivage.

Parmi les *Palmipèdes*, il faut signaler :

— *Sula bassana* (Briss.). Fou de Bassan ; vit le plus souvent au large ; se nourrit de poissons qu'il happe en se laissant tomber dessus du haut des airs, la tête la première ; une fois repu, il s'endort sur l'eau et se laisse bercer au gré des flots. Se montre surtout sur nos côtes après les tempêtes. Vit bien en captivité, et devient promptement familier.

Phalacrocorax carbo (L.). — Cormoran. Vole, nage et plonge très bien ; se nourrit de poissons qu'il poursuit entre deux eaux avec une grande rapidité. Quand il est rassasié, il va se percher sur un rocher, s'appuie sur la queue, le corps vertical, et reste ainsi des heures entières sans bouger. Exhale une odeur détestable.

Thalassidroma pelagica. (L.). Thalassidrome tempête ; apparaît surtout à la suite d'ouragans. Lorsqu'on le prend vivant, il rejette à plusieurs reprises un liquide huileux d'une odeur désagréable.

Très abondant aux îles Féroë. Il est si gras à la fin de l'été, que les habitants de ces îles ont, paraît-il, l'habitude de s'en servir en guise de chandelle après lui avoir passé une mèche du bec à l'orifice anal.

A. DENIZE 59 et 61, *rue St-Pierre*, **CAEN**
Mouchoirs blancs et fantaisie

— *Puffinus cinereus* (L.). — Puffin cendré ; bon voilier ; habitudes plutôt nocturnes.

— *Stercorarius pomarinus* (Viel.). — Stercoraire des rochers ou Labbe pomarin.

Stercorarius longicaudatus. (Briss.). — Stercoraire longicaude.

Les stercoraires sont des oiseaux voraces, querelleurs, qui poursuivent dans les airs les mouettes, sternes et autres palmipèdes, pour les contraindre à lâcher leur proie, qu'ils attrapent au vol avec une remarquable adresse.

— *Larus marinus.* (L). — Goéland à manteau noir.

— *Larus fuscus* (L.). — Goéland brun, ou à pieds jaunes.

Larus argentatus (Brünn.). — Goéland argenté au manteau bleu.

Les Goélands vivent en société nombreuse dans les baies ; ils sont très voraces et se nourrissent aussi bien de proies mortes que des proies vivantes. Oiseaux criards, à vol lent mais puissant, qui se répandent dans les campagnes, souvent à des distances considérables. Ces trois espèces nichent sur plusieurs points des côtes de France.

— *Larus canus* (L.). — Goéland cendré ou mouette cendrée.

— *Larus tridactylus* (L.). — Goéland tridactyle ; pouce nul ou rudimentaire.

— *Larus ridibundus* (L.). — Mouette rieuse.

Les mouettes ne se distinguent des goélands que par une taille moindre et par la présence d'un capuchon noir sur le sommet de la tête pendant la saison des amours. Elles ont la même livrée et les mêmes mœurs, vivent très

A. DENIZE 59 et 61, *rue St-Pierre*, **CAEN**
Lingerie pour dames

bien en captivité pourvu qu'on leur fournisse de l'eau en abondance.

— *Sterna cantiaca* (Gmel.). — Sterne caugek.

— *Sterna hirundo* (L.). — Sterne hirondelle ou Pierre-Garin.

— *Sterna minuta* (L.). — Sterne naine.

Les sternes sont connues sous le nom d'hirondelles de mer, à cause de quelques rapports de forme avec les hirondelles proprement dites. Ce sont des oiseaux à vol puissant et souvent rapide, qui vivent en troupes nombreuses sur les côtes et à l'embouchure des rivières. La brièveté de leurs pattes ne leur permet guère de descendre à terre; aussi sont-elles toujours en l'air, guettant leur proie et se laissant tomber sur elle comme une flèche. Voraces et criardes, il est facile de les tuer quand l'une d'elles a été blessée; car elles viennent toutes voler autour d'elle comme pour lui porter secours.

Elles forment, avec les géolands, le groupe des palmipèdes à grandes ailes,

— *Cycnus ferus* (Ray). — Cygne sauvage.

— *Cycnus minor* (Keys et Blas). — Cygne de Berwick.

— *Cycnus mansuetus* (Ray). — Cygne domestique.

Les cygnes ne paraissent sur nos côtes que dans les hivers longs et rigoureux. Le dernier est la souche de nos cygnes domestiques.— Des contrées septentrionales.— Avec la chair du jeune cygne sauvage, on fait d'excellents pâtés.

— *Anser cinereus* (Meyer.). — Oie cendrée. C'est de cette espèce qu'est originaire notre oie domestique.

— *Anser leucopsis* (Bechst.). — Oie bernache.

— *Anser brenta* (Steph.). — Oie cravant.

A. DENIZE 59 et 61, rue St-Pierre, **CAEN**

Rideaux au mètre et encadrés

Les oies vivent et voyagent par troupes. Ce sont des oiseaux d'un naturel défiant; aussi est-il difficile de les approcher. Elles fréquentent plutôt les prairies et les champs que les bords de la mer, car leur nourriture est presque exclusivement végétale. Quand elles voyagent, elles se placent en file sur deux lignes disposées en V ; celles qui tiennent la tête s'écartent de temps en temps pour faire place à d'autres, et vont se placer à l'extrémité des branches du V pour prendre un peu de repos. De passage en hiver ; habitent l'été les contrées orientales et boréales de l'Europe.

— *Anas tadorna* (L.). — Canard tadorne ; vit par couples et ne voyage pas en bandes comme les autres canards ; se nourrit de petits poissons, de coquillages et de plantes marines. Sa chair n'est pas de bon goût. Habite le nord de l'Europe ; vient en France l'hiver, quelques individus y séjournent et s'y reproduisent. Bec rouge.

— *Anas clypeata* (L.). — Canard souchet ou bec de spatule ; bec long et large, surtout à l'extrémité de la mandibule supérieure, qui est très élargie : se nourrit de poisons, mouches et plantes aquatiques. Chair délicate et savoureuse. Du nord de l'Europe ; hiverne dans le midi de la France. Double passage sur nos côtes.

— *Anas boschas* (L.). — Canard sauvage ; voyage en bandes et généralement sur une double ligne en V, comme les oies. Il est probable que c'est de cette espèce que descendent nos canards domestiques. Du nord de l'Europe. Même nourriture que les précédents ; chair excellente.

— *Anas strepera* (L.). — Chipeau bruyant ; plonge parfaitement, ce que ne font pas les autres canards. Chair excellente. Double passage.

A. DENIZE

59 et 61, rue St-Pierre, CAEN

CHEMISERIE MODERNE

— *Anas Penelope* (L.). — Canard siffleur ou vignon ; se nourrit surtout de végétaux. Double passage. Son cri d'appel consiste en un sifflement aigu. Chair assez bonne.

— *Anas acuta* (L.). — Canard pilet. La queue du mâle porte deux longues rectrices médianes. Sont plus nombreux en mars qu'à leur passage d'automne. Chair assez recherchée.

Anas crecca (L.). — Sarcelle, sarceline ou sarcelle d'hiver ; le plus petit des canards. Séjourne et se reproduit en France ; se tient de préférence sur les cours d'eau de l'intérieur, mais se rencontre également à l'embouchure des rivières qui viennent se déverser directement dans la mer.

— *Anas mollissima* (L.). — Canard eider : paraît, surtout les jeunes, de temps à autre sur nos côtes. Il habite les régions du pôle arctique, et se rencontre abondamment en Laponie, où on le respecte et le protège. On sait que ce précieux oiseau tapisse son nid d'un fin duvet qu'il s'arrache sous le ventre, et que ce duvet, recueilli par les populations septentrionales, est vendu pour la fabrication des édredons.

— *Anas nigra* (L.). — Macreuse noire, très abondante sur nos côtes ; elles commencent à apparaître en août ; volent par bandes nombreuses à la surface de la mer, en ligne irrégulière, les pattes et le cou tendus, comme tous les canards. Elles plongent pour aller chercher leur nourriture, et peuvent rester longtemps submergées sans venir respirer à la surface. Chair d'un goût fort et agréable ; celle de le femelle, nommée sur la côte Bisette, est plus appréciée que celle du mâle.

— *Mergus mergaser* (L.). — Harle bièvre ou grand Bec-Scie.

A. DENIZE 59 et 61, *rue St-Pierre*, **CAEN**

Chemises sur mesure

— *Mergus serrator* (L.). — Harle huppé ou bec-scie.

— *Mergus albellus* (L.). — Harle piette ou petit bec-scie.

Les becs-Scie sont d'excellents nageurs et plongeurs. Ils se voient surtout après les hivers rigoureux ; double passage ; ils habitent l'été les régions glaciales. Chair médiocre.

— *Colymbus glacialis* (L.). — Plongeon imbrin, rare.

— *Colymbus septentrionalis* (L.). — Cat-marin.

— *Uria troile* (L.). — Guillemot troïle.

— *Fratercula arctica* (L.). — Macareux moine.

— *Alca torda* (L.). — Pingouin.

Tous ces oiseaux appartiennent au groupe des plongeurs : ce sont des nageurs émérites ; leur corps est entièrement immergé ; seules, la tête et une partie du cou sont en dehors de l'eau. Leurs pattes sont placées tellement en arrière que, lorsqu'ils sont sur un rocher, leur corps paraît vertical. Leurs ailes, longues et étroites, contribuent avec leurs pattes à leur progression sous l'eau. Ils poursuivent les petits poissons avec une extrême rapidité, et peuvent rester submergés fort longtemps sans reprendre haleine. Leur chair huileuse est d'un goût détestable.

A. DENIZE   59 et 61, rue St-Pierre, **CAEN**

Chemises confectionnées

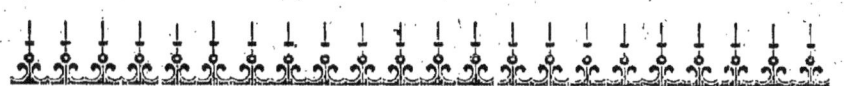

POISSONS

Une centaine d'espèces de poissons visitent nos parages ; 60 environ paraissent sur nos marchés, les uns avec une réputation d'excellence méritée, les autres avec une estime.... relative. Mais quelle que soit leur qualité intrinsèque, le fait d'avoir été pêchés sur *la côte* donne à leur chair, aux yeux des gens du pays, une supériorité manifeste sur celle de leurs congénères venus des départements voisins. A défaut d'autre mérite, ils ont du moins celui d'être frais, et c'est quelque chose ; mais il est juste de reconnaître que la préférence qu'on leur témoigne s'explique scientifiquement par la nature sableuse des fonds de la baie de l'Orne.

Les autres poissons qui n'entrent pas dans l'alimentation comprennent les espèces rares ou à viande malsaine et le menu fretin, trop coriace ou trop peu abondant pour mériter les honneurs de la friture.

La liste suivante comprend les espèces communes et celles qui présentent quelque particularité intéressante.

A. DENIZE   59 et 61, *rue St-Pierre*, **CAEN**
Cravates, manchettes, faux cols

Parmi les Séláciens ou poissons cartilagineux, on peut citer :

— *Scyllium canicula* (Cuv.) — Roussette à petites taches, Rousse ; poisson migrateur, très abondant l'été. A la vie dure. Sa chair a peu de valeur ; son foie sert à faire de l'huile et sa peau, très rugueuse, est employée pour polir le bois. Ses œufs sont enveloppés dans une sorte d'étui cartilagineux dont la forme rappelle vaguement celle d'un violon.

— *Scyllium catulus* (Cuv.) — Roussette à grandes taches. Cette espèce est plus rare que la précédente ; elle se tient surtout dans les grands fonds, au voisinage des rochers. Mêmes particularités que le Scyllium canicula et mêmes usages.

— *Alopias vulpes* (B. p.). — Renard ; squale dont la queue ou nageoire caudale est aussi longue que le corps, elle est recourbée en forme de faux, et cette circonstance lui a également valu le nom populaire de faux. Très rare.

— *Lamna cornubica*. (Cuv.) — Lamie long nez ou taupe, rare. Peut atteindre plus de 3 mètres de longueur.

— *Mustelus vulgaris* (Müll. et Heule). — Emissole ou chien de mer, commun ; sa chair est assez appréciée par les habitants des campagnes.

Galeus canis (Rond.). — Hât, commun : sa chair sert à la nourriture des habitants des campagnes. Espèce plus forte et beaucoup plus vorace que la précédente.

— *Acanthias vulgaris* (Risso). — Aiguillat, chien brocu, chien à dardons. En avant de chacune des deux nageoires dorsales se trouve un aiguillon. Voyage en grandes bandes ; redouté des pêcheurs dont il déchire les filets. Commun ;

A. DENIZE 59 et 61, rue St-Pierre, **CAEN**
Bonneterie et ganterie pr hommes

sa chair est comestible ; son foie comme celui du Galeus canis, sert, dans certaines contrées, à faire de l'huile.

— *Squatina angelus* (Duméril). — Ange de mer, assez commun, poisson vorace. Nageoires pectorales très développées ; les pêcheurs découpent ces nageoires en tranches, et les vendent comme étant des morceaux de raie.

— *Torpedo marmorata* (Risso). — Torpille marbrée, excessivement rare. On sait que ce poisson présente, de chaque côté de la tête, un appareil électrique donnant de violentes décharges : c'est tout à la fois une arme offensive et défensive.

Raia clavata (L). — Raie bouclée, très abondante chair excellente. A certaines époques, il se développe, sur différents points du corps de cette raie, de gros tubercules portant un aiguillon fort et recourbé : ce sont les *boucles*.

Raia punctata (Risso). — Raie anglaise, espèce moins commune que la précédente, mais à chair aussi estimée.

Raia macrorhynchus (Raf.) — Raie macrorhynque, vulg^t Flée ; peut atteindre 2^{m}50 et plus ; remarquable par la longueur de son rostre. Chair moins appréciée.

— *Trygon pastinaca* (Cuv.) — Pastenague, vulg^t coucou, raie dont la queue, longue et mince, porte en dessus un ou deux aiguillons osseux barbelés qui constituent une arme redoutable. Chair sans valeur.

Le groupe des *Ganoïdes* est représenté par :

— *Acipenser sturio* (L.). — Esturgeon commun, vulg^t poisson de Roi. Il est rare sur nos côtes ; très abondant en Russie, où l'on utilise ses œufs pour en composer le *caviar*,

---

A. DENIZE   59 et 61, *rue St-Pierre*, **CAEN**

GILETS FLANELLE — CALEÇONS

et sa vessie natatoire pour en faire de la colle de poisson. Il remonte les fleuves pour y déposer son frai.

Parmi les *Téléostéens*, il faut citer :

— *Hippocampus brevirostris* (Cuv.). — Cheval de mer ; le seul poisson dont la queue soit préhensile : il s'en sert pour se fixer aux plantes marines ou aux colonies animales arborescentes. Très rare.

Syngnathus acus (L.). — Poisson aiguille, poisson de Roi, baromètre. Assez commun l'été dans le varech qui emplit les filets des pêcheurs de crevettes.

— *Nerophis lumbriciformis*. — Petite espèce à corps moins anguleux que celui du Syngnathe.

L'Hippocampe, le Syngnathe et le Nérophis appartiennent au groupe des *Lophobranches*, c'est-à-dire aux poissons qui possèdent des branchies en forme de houppes. Leur corps est entouré d'un certain nombre d'anneaux qui leur constituent une enveloppe cuirassée. Ces petits êtres, à mouvements gracieux, présentent une particularité curieuse : c'est le mâle qui porte, jusqu'après leur éclosion, les œufs pondus par la femelle ; celle-ci les dépose, soit dans une poche située en arrière de l'anus du mâle, soit au-dessous de l'abdomen. Dans l'un et l'autre cas, ils sont fixés et maintenus en place par une substance gluante, adhésive, produite au moment de la ponte. Les petits ne quittent leur abri que lorsqu'ils ont déjà une certaine taille.

— *Orthagoriscus mola* (L.). — Môle, poisson-lune, rouet. Poisson très plat, assez rare, de forme oblongue ; son corps émet dans l'obscurité une lueur blanchâtre que les pêcheurs assimilent à la clarté de la lune. Atteint quelquefois 2 mètres. Chair toxique.

A. DENIZE
59 et 64, *rue St-Pierre*, CAEN

TROUSSEAUX — LAYETTES

— *Blennius pholis* (L.). — Baveuse, Meunier, petite espèce très vive. On la trouve assez fréquemment dans les fentes des rochers que la marée descendante laisse à découvert.

— *Gunnellus vulgaris* (Flem.). — Sauterelle. Petite espèce abondante sous les pierres et le varech à marée basse ; corps comprimé et marqué, le long du dos, de taches ocellées noires cerclées de blanc.

— *Callionymus lyra* (L.). — Savary, petit poisson aplati de haut en bas, présentant à la sortie de l'eau une superbe coloration : il y a lieu de signaler particulièrement les nageoires du mâle, beaucoup plus ornées et plus développées que celles des femelles.

— *Trachinus draco* (L.). — Grande Vive ; chair assez bonne.

— *Trachinus vipera* (Cuv. et Val.). — Petite Vive ; chair également assez bonne.

Les Vives sont des poissons venimeux, à piqûre très dangereuse ; la petite surtout, qui vit dans le sable de nos plage, est à redouter. Leur nageoire dorsale et leur opercule portent des épines acérées qui sont en rapport avec des glandes à venin. Ce venin, déposé dans la plaie faite par la piqûre des aiguillons, produit une douleur extrêmement cuisante qui dure plusieurs jours ; les traces de l'empoisonnement peuvent quelquefois persister plus d'un mois.

Antidote : essence de térébenthine.

— *Lophius piscatorius* (L.). — Baudroie ou diable de mer, très rare ; poisson étrange, semblant, suivant la remarque de Rondelet, n'être que *tête et queue*. Il possède une gueule énorme, garnie de plusieurs rangées de dents

---

A. DENIZE   59 et 61, rue St-Pierre, **CAEN**

TOILES — LINGE DE TABLE

mobiles, longues et pointues. Sur sa tête se trouvent trois ou quatre filaments placés en ligne, dont le premier, qui est le plus grand, se termine par une membrane développée en fer de lance. Tout autour de son corps aplati se voient des lambeaux de peau découpés qui flottent au gré de l'onde, quand il se tient immobile sur les fonds vaseux, attendant sa proie. Celle-ci, attirée par le mouvement des lambeaux et surtout par la membrane du premier filament ou *filet pêcheur* que la baudroie fait mouvoir à son gré, est bientôt saisie et avalée. Chair médiocre.

— *Gobius minutus* (Cuv. et Val.). — Buhotte, petit poisson long de 6 à 8 centimètres commun dans les flaques d'eau des plages. Le mâle construit un nid sous les coquilles, y attire une femelle, et quand la ponte est terminée, il surveille seul avec le plus grand soin les œufs jusqu'à leur éclosion, chassant impitoyablement tous les poissons qui s'approchent de sa demeure.

— *Gobius niger* (L.). — Cabot, un peu plus gros que le précédent, dont il a les mœurs.

— *Gobius Jozo* (L.). — Ce petit Gobie est commun dans la Méditerranée et sur les côtes de l'Océan jusqu'à l'embouchure de la Loire. Il semble n'avoir jamais été signalé dans la Manche, soit par les naturalistes français, soit par les naturalistes anglais. Nous en possédons un exemplaire pris par des marins de Ver au mois de janvier 1895.

Tous les Gobies ont leurs nageoires ventrales soudées en forme de ventouse.

— *Mullus surmuletus* (L.). — Surmulet ou rouget, délicieux poisson ; porte à la mâchoire inférieure deux barbillons qui lui servent d'organe de tact.

A. DENIZE — 59 et 64, *rue St-Pierre*, **CAEN**
LINGERIE POUR DAMES

— *Trigla pini* (Bloch.). — Grondin rouge.
— *Trigla gurnardus* (L.). - Grondin gris.
— *Trigla corax* (C. Bp.). — Rouget.

Tous les trigles ont la tête grosse, couverte de plaques osseuses et armées de piquants plus ou moins forts ; ils constituent le groupe des *Joues cuirassées*. Lorsqu'ils sont tirés de l'eau, ils font pour la plupart entendre un bruit, un grognement qui leur a valu le nom de Grondins. Chair comestible. Les trois premiers rayons de leurs nageoires pectorales sont libres et leur servent à palper les objets.

— *Cottus scorpius* (L.).
— *Cottus bubalis* (Euphrasen).

Les Cottes ont la tête moins grosse que les trigles ; elle est aussi dépourvue de plaques osseuses, mais porte de longues épines qui donnent à ces poissons un aspect redoutable et qui les a fait nommer têtards, crapauds, diables. Sur nos côtes, où ils sont abondants parmi les rochers, ont les connaît sous le nom de Tatins.

— *Labrax lupus* (Cuv.). — Bar. Tout le monde connaît cet excellent poisson, que les pêcheurs de la baie de l'Orne vont pêcher sur un haut-fond appelé *le Ras*.

— *Sciæna aquila* (Cuv.). — Maigre, aigle ou haut-bar, poisson rare pouvant atteindre une longueur de 2 mètres ; chair assez appréciée. Voyagent par bandes et font entendre dans l'eau un bruit plus fort que celui des grondins. Amenés à terre ou dans un bateau, ils peuvent renverser un homme d'un coup de queue.

— *Scomber scomber* (L.). — Maquereau ; ceux de petite taille sont appelés sansonnets. Commencent à apparaître en mai, et sont abondants en août et septembre. Chair excellente.

A. DENIZE 59 et 61, *rue St-Pierre*, **CAEN**
LINGE CONFECTIONNÉ

— *Trachurus trachurus* (Günth). — Saurel, maquereau bâtard, galant ; a la forme générale du maquereau, mais ses couleurs sont moins vives. et il porte, de chaque côté du corps, une carène formée de boucliers épineux, qui sont beaucoup plus saillants sur le tronçon de la queue. Chair d'assez bonne qualité.

— *Zeus faber* (L.). — Poisson St-Pierre ; corps aplati de droite à gauche, bords du dos et du ventre garnis d'une rangée d'aiguillons, tête et gueule énorme ; assez commun. Chair délicate.

— *Pagellus centrodontus* (C. B. p.). — Brème ou brème rouge ou pironneau, poisson ayant de grands yeux ; couleur rouge. Chair excellente.

— *Cantharus griseus* (Cuv.). - Brème grise; chair excellente.

— *Labrus bergylta* (Ascanius). — Perroquet, vras, vieille, poisson vivant dans les rochers, et paré de teintes les plus brillantes ; sur nos côtes, la couleur dominante est le vert.

— *Crenilabrus melops* (L.).

— *Ctenolabrus rupestris* (L.).

Ces deux derniers poissons sont de petits labres à coloration moins riche que la vieille. Leur chair est peu estimée.

— *Mugil auratus* (Risso). — Muge ou mulet.

— *Mugil chelo* (Cuv.). — Muge à grosses lèvres ; se trouve surtout dans les baies et à l'embouchure des rivières. Ceux qui vivent dans le canal de Caen à la mer ont un goût vaseux prononcé ; chair en général estimée.

— *Atherina presbyter* (Cuv. et Val.). Faux éperlan ; vit en bandes nombreuses. Bande argentée le long des flancs. Chair délicate.

— *Amodytes lanceolatus* (Lesauvage). — Lançon.

A. DENIZE
59 et 61, *rue St-Pierre*, **CAEN**

Mouchoirs blancs et fantaisie

— *Amodytes tobianus* (Lesauvage). Équille ; petits poissons très vifs qui ont l'habitude de se tenir dans le sable. Au moment des grandes marées, on retourne le sable à l'aide de bêches pour les mettre au jour ; mais, aussitôt, ils s'enfoncent de nouveau et disparaissent, si l'on n'apporte pas une grande célérité à les saisir. Cette pêche qui se fait aussi la nuit aux lanternes, plaît beaucoup aux amateurs, en raison des incidents amusants qu'elle provoque. Chair délicate.

— *Gadus luscus* (L.). — Gode ou tacaud.
— *Gadus morhua* (L.). — Cabillaud, morue.
— *Merlangus vulgaris* (L.). — Merlan.
— *Merlangus pollachius* (L.) — Lû.

Les gades forment une famille des plus utiles à l'homme. Tout le monde sait que la pêche de la morue, à Terre-Neuve et en Islande, assure l'existence de milliers de familles. Sur nos côtes du Calvados, on prend surtout de jeunes morues, d'octobre à janvier ; leur chair est très estimée. Les Godes sont également très appréciées ; mais elles présentent l'inconvénient d'avoir un trop grand nombre d'arêtes. Le merlan et le lû, surtout le premier, ont la préférence des gourmets.

D'autres gades fréquentent encore nos côtes ; mais ils y sont rares ou leur chair n'a pas une valeur comestible comparable à celle des quatre espèces dénommées ci-dessus, comme par exemple :

— *Motella mustela* (C. Bp.). — Loche de mer et *Motella tricirrata* (Bloch.). — Renard.

Parmi les *Pleuronectes*, on peut citer comme l'objet d'une pêche et d'un commerce considérables :

A. DENIZE 59 et 61, *rue St-Pierre*, **CAEN**

SERVIETTES DE TOILETTE

— *Limanda vulgaris* (Gottsche). — Limande.
— *Platessa vulgaris* (Gottsche). — Plie.
— *Flesus vulgaris* (Gottsche). — Flondre, picaud.
— *Solea vulgaris* (Risso). — Sole.
— *Solea lascaris* (Risso).
— *Rhombus maximus* (L.). — Turbot.
— *Rhombus lævis* (Rondelet). — Barbue.

Tous ces pleuronectes, à l'exception du picaud, sont très appréciés ; c'est surtout la sole et le turbot qui ont la préférence : ces poissons sont trop connus pour que nous y insistions davantage. D'autres pleuronectes de la baie ont une taille trop petite pour être livrés à la consommation ; ainsi :

— *Pleuronectes arnoglossus* (C. Bp.), est une espèce très commune, et
— *Microchirus luteus* (Risso) est au contraire assez rare : cette espèce, qui est indiquée par les auteurs anglais comme habitant la Manche, n'a pas encore été signalée, à notre connaissance, sur les côtes de France baignées par cette mer.

— *Cyclopterus lumpus* (L.). — Cycloptère lompe, grosmollet. Les nageoires ventrales de ce poisson, qui peut atteindre une taille de 50 centimètres, sont unies de manière à constituer une ventouse à l'aide de laquelle il s'attache aux rochers.

— *Liparis vulgaris* (C. B p.). — Limace de mer ; très petit poisson, à nageoires ventrales également disposées en ventouse.

Clupea harangus (L.). — Hareng. Se prend sur la côte en octobre, novembre et décembre ; mais, depuis plusieurs années, la pêche n'est pas fructueuse.

A. DENIZE

59 et 61, *rue St-Pierre*, **CAEN**

Rideaux au mètre et encadrés

— *Meletta vulgaris* vel *sprattus* (L.). — Melette ou blanche ; espèce de petite sardine très abondante.

— *Alosa vulgaris* (Cuv. et Val.). — Alose.

— *Alosa finta* (Cuv.). — Alose finte.

Pêchées dans les rivières de la baie ; peu appréciées à cause du grand nombre d'arêtes dont leur chair est parsemée.

La sardine ne paraît pas visiter nos côtes.

— *Belone vulgaris* (Selys-Longchamps). — Orphie, poisson à bec long. Sa chair est assez bonne ; cependant nombre de personnes s'abstiennent d'en manger à cause de la répugnance que leur inspire la coloration verte que présentent les arêtes, soit avant, soit après la cuisson. Cette coloration, qui est naturelle, ne peut en rien affecter la qualité de la chair qui est parfaitement saine.

— *Salmo salar* (L.). — Pris assez abondamment dans l'Orne et dans les autres fleuves côtiers.

— *Osmerus eperlanus* (L.). — Éperlan véritable ; n'est pas très commun.

— *Anguilla vulgaris* (Cuv.). — Anguille ; se pêche surtout à l'embouchure des rivières ; son frai, appelé *montée*, est pris en abondance dans l'Orne en avril.

— *Conger vulgaris* (Cuv). — Congre, appelé encore anguille de mer ; très abondant sur la côte, surtout les jeunes.

— *Petromyzon marinus* (L.). — Lamproie, assez rare ; sept trous de chaque côté du cou.

(COMMUNIQUÉ PAR M. CHEVREL, CHEF DES TRAVAUX ZOOLOGIQUES A LA FACULTÉ DES SCIENCES DE CAEN, PROFESSEUR SUPPLÉANT A L'ÉCOLE DE MÉDECINE ET DE PHARMACIE.)

A. DENIZE 59 et 61, *rue St-Pierre*, CAEN

CHEMISERIE MODERNE

TABLEAU DES SIGNAUX DE MARÉE

3ᵐ	3ᵐ 25	3ᵐ 50	3ᵐ 75
9ᶠ 10ⁱⁿ	10ᶠ 8ⁱⁿ	11ᶠ 6ⁱⁿ	12ᶠ 4ⁱⁿ
4ᵐ	4ᵐ 25	4ᵐ 50	4ᵐ 75
13ᶠ 2ⁱⁿ	13ᶠ 11ⁱⁿ	14ᶠ 9ⁱⁿ	15ᶠ 7ⁱⁿ
5ᵐ	5ᵐ 25	5ᵐ 50	5ᵐ 75
16ᶠ 5ⁱⁿ	17ᶠ 3ⁱⁿ	18ᶠ 1ⁱⁿ	18ᶠ 10ⁱⁿ
6ᵐ	6ᵐ 25	6ᵐ 50	6ᵐ 75
19ᶠ 8ⁱⁿ	20ᶠ 6ⁱⁿ	21ᶠ 4ⁱⁿ	22ᶠ 2ⁱⁿ
7ᵐ	7ᵐ 25	7ᵐ 50	7ᵐ 75
23ᶠ	23ᶠ 9ⁱⁿ	24ᶠ 7ⁱⁿ	25ᶠ 6ⁱⁿ
8ᵐ	8ᵐ 25	8ᵐ 50	8ᵐ 75
26ᶠ 2ⁱⁿ	27ᶠ 1ⁱⁿ	27ᶠ 11ⁱⁿ	28ᶠ 9ⁱⁿ

Marée montante	Pleine Mer	Marée descendante
Flow of the Tide	High Water	Ebb of the Tide

A. DENIZE

59 et 61, *rue St-Pierre*, **CAEN**

CHEMISES sur MESURE

FLORE DU LITTORAL

LUC, LION, HERMANVILLE-SUR-MER

Papaver hybridum, L. — Moissons du littoral.
Cakile maritima, Scop. — Sables maritimes de tout le littoral.
Diplotaxis muralis DC. et *D. tenuifolia* DC. — Très commun, le dernier surtout, dans les champs et au bord des chemins de tout le littoral.
Camelina sativa, Fr. ; GG. — Moissons du littoral ; fréquemment cultivé.
Rapistrum rugosum, All. — Çà et là dans les moissons ; plante introduite.
Silene maritima, With. — Ça et là, falaises et sables maritime : Lion et Ouistreham.
Cerastium tetrandrum, Curt. — Dunes.
Linum angustifolium, Huds. — Pelouses, bord des chemins.
Medicago media, Pers. — (Ainsi qu'à Ouistreham.)

A. DENIZE   59 et 61, *rue St-Pierre*, CAEN
Chemises confectionnées

Tamarix anglica, Webb. — Planté en haies, sur tout le littoral.
Petroselinum segetum, Koch. — Bord des chemins.
Sison amomum, L. — Haies et talus.
Galium verum, L., var. *littorale*, Bréb. — C. sur tout le littoral.
Helminthia echioides, Gartn. — AC. sur tout le littoral.
Cuscuta trifolii, Bab. — Champs du littoral.
Lycium vulgare, Dun. — Fréquemment planté dans les haies et souvent subspontané.
Bromus maximus, Desf. — Dunes et champs du littoral.
Atriplex farinosa, Dum. (*A. crassifolia*, Bréb. non Mey.) Sables maritimes de tout le littoral.
Salsola Kali, L. — Sables maritimes sur tout le littoral.
Thesium humifusum, D. C. — Pelouses et dunes de tout le littoral.
Poterium dictyocarpun, Spach. — Pelouses et talus.
Glyceria Borreri, Bab. — Luc, bords du ruisseau à la limite de Langrune.
Glyceria distans, Walhenb. — Lieux humides du littoral, çà et là, surtout à l'embouchure des cours d'eau.

OUISTREHAM

Cochlearia anglica, L. — A l'embouchure de l'Orne et de la Dives.
Neslia paniculata, Desv. — Moissons du littoral.

A. DENIZE   59 et 61, *rue St-Pierre*, **CAEN**
CRAVATES, FAUX COLS, MANCHETTES

Reseda phyteuma, L. (et aussi à Dives).

Spergularia marina, Lebel. — Vases salées à l'embouchure de l'Orne.

Sagina maritima, Don. (et aussi à Cabourg).

Arenaria Lloydii, Jard, et *A. leptoclados*, Guss. — Dunes et murs du littoral.

Aster trifolium, L. — Parties vaseuses à l'embouchure de l'Orne et de la Dives.

Gnaphalium luteo-album L. (et aussi à Merville).

Chrysanthemum inodorum L. var. *maritimum* (L.). — Çà et là, sur tout le littoral.

Obrone portulacoides ; Moq. Tand. (et aussi à Sallenelles et à Dives).

Salicornia herbacea (Criste-Marine), L. — Lieux marécageux ; embouchure de l'Orne et de la Dives.

Suæda fruticosa, Forsk. — Embouchure de l'Orne.

Suæda maritima, Moq. T. — Aussi à Sallenelles et à Dives.

Hippophae rhamnoides (Argousier), (et aussi à Merville, Dives, falaises des Vaches-Noires).

Juncus Gerardi, Lois. — Embouchure de l'Orne et à Sallenelles.

Lepturus filiformis, Trin (et aussi à Sallenelles et à Dives).

Chamagrostis minima, Bork. (et aussi à Sallenelles, Merville).

Glaux maritima, L. (et aussi à Sallenelles et à Dives).

Samolus Valerandi. L. — Aussi à Sallenelles, Merville et Cabourg.

A. DENIZE 59 et 64, *rue St-Pierre*, **CAEN**
BONNETERIE & GANTERIE p^r HOMMES

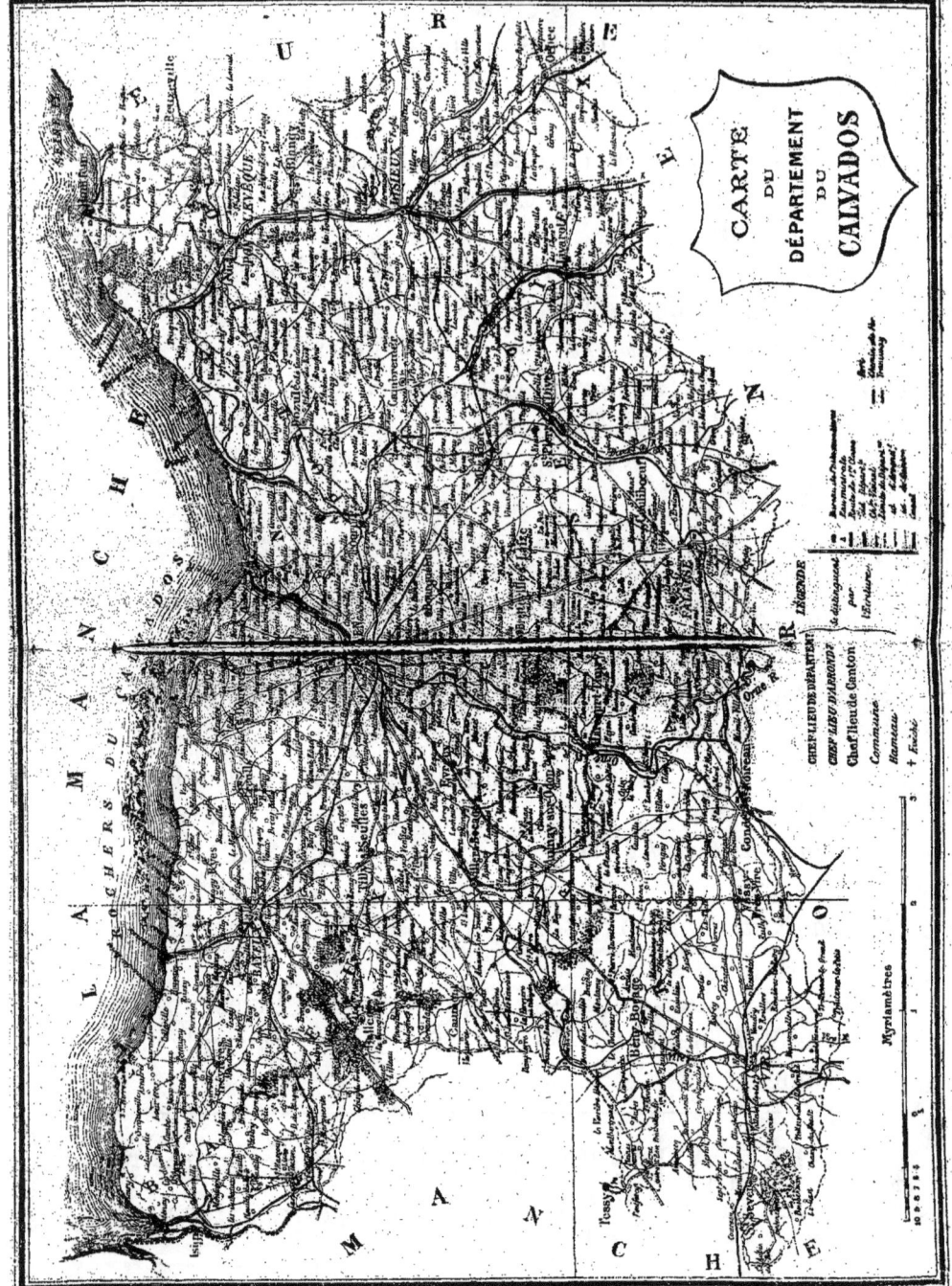

COMPAGNIE LINIÈRE & CHANVRIÈRE
FABRICATION DE TOILES EN TOUS GENRES — TROUSSEAUX
CAEN — DESBANS, Boulevard Saint-Pierre, 94 (Près le Bassin) — CAEN

Blitum polymorphum, Mey. — Lieux humides.
Hippuris vulgaris, L. — Fossés pleins d'eau (sur tout le littoral).
Triglochin palustre, L. — Aussi à Sallenelles.
Triglochin maritimum, L. — Aussi à Sallenelles.
Zannichellia pedicellata, Fr. — Fossés et mares, aussi à Sallenelles, Merville et Cabourg.
Lemna gibba, L. — Commun sur tout le littoral, mares et fossés.
Phleum arenarium, L. — Commun dans toutes les dunes.
Polypagon Monspeliensis, Derf.
Glyceria maritima, Wahlenb. — Embouchures de l'Orne et de la Dives.

MERVILLE

Viola nana, D. C. — Dunes.
Silene conica, L. (et aussi à Dives) : dunes et champs sablonneux.
Saponaria officinalis, L. — Dunes cultivées.
Astragalus Bayonensis, Lois. — Dunes le long du chemin de Sallenelles à Cabourg.
Medicago minima, Lam.
Œnanthe Lachenalii. — Gmel. (et aussi à Cabourg et Dives).
Aipum graveolens, L. — Vases salées.

A. DENIZE 59 et 61, rue St-Pierre, **CAEN**
Gilets flanelle, caleçons

Helosciadium repens, Koch (et aussi à Cabourg).
Senecio aquaticus, Huds. — Prairies du littoral jusqu'à Cabourg.
Centaurea aspera, L. — Sables maritimes. — Très rare.
Pyrola rotundifolia, L. var. *arenaria,* Koch. — Cuvettes des dunes.
Gentiana amarella, L. — Dunes.
Plantago arenaria, Waldst. — Dunes.
Euphorbia Portlandica, L. — Dunes (et aussi dunes de Cabourg).
Liparis Loeselii, Rich. — Dunes.
Spergula nodosa, L. — Parties humides des dunes (jusqu'à Cabourg).
Teucrium scordium, L. — Bord des fossés.
Schœnus nigricans, L. — Parties humides des dunes.
Festuca oraria, Dum. (*F. arenaria,* Bréb. *non* osb.). — Aussi à Cabourg, dans les dunes.

SALLENELLES

Artemisia maritima, L. — Bord du chemin de Cabourg.
Statice limonium, L. — Vases à l'embouchure de l'Orne (et aussi à Dives).
Armeria maritima, Willd. var. *pubescens* (Link) (et aussi à Dives et à Cabourg).

A. DENIZE — 59 et 61, rue *St-Pierre*, CAEN
TROUSSEAUX — LAYETTES

Keleria albescens, D.C. — Aussi à Cabourg et dans toutes les dunes.
Plantago maritima, L. — Vases salées.
Beta maritima, L. — Bords du chemin de Cabourg.
Juncus maritimus, Lam. — Vases salées.
Scirpus maritimus, L. — Vases salées. — Aussi à Ouistréham, à Cabourg et à Dives.
Scirpus Tabernæmontani, Gruel. — Embouchure de l'Orne.
Carex extensa, Good. — Vases salées.
Carex divisa, Huds, — Vases salées.

CABOURG

Ranunculus Bandotii, Godr. — Fossés et mares du littoral.
Nymphæa alba, L. (Nénuphar blanc). — Fossés des herbages.
Nuphar lutea. Sm. (Nénuphar jaune). — Entre Varaville et Cabourg.
Melilotus leucantha, Kock. (Mélilot blanc). — Dunes de Merville et de Cabourg.
Trifolium scabrum, L. — Dunes de Merville et de Cabourg.
Trifolium maritimum, Huds. — Rive droite de la Dives, du pont de Cabourg à l'embouchure.
Œnothera stricta, Ledeb. — Dunes.
Cynoglossum officinale, — Vieux Cabourg.

A. DENIZE 59 et 61, rue St-Pierre, **CAEN**

TOILES — LINGE DE TABLE

Orchis coriophora, L. — Prairies entre Merville et Cabourg.
Ophrys apifera, Sm. (et aussi à Dives).
Orobanche Galii, Duby. — Herbages de Cabourg et de Dives.
Orobanche cœrulea, Vill. — Herbages de Cabourg et de Dives.
Lappa major Gaertn. — Lieux vagues.
Rumex maritimus, L. — Bords des fossés et des mares.

DIVES

Turgenia latifolia, Hoffm. Dans les moissons.
Bupleurum opacum, Wilk., et Lge (*B. aristatum* auct. au Batll.?). — Moissons du littoral, entre Cabourg et Merville.
Menyanthes Trifoliata, L. (Trèfle d'eau). — Fossés entre Varaville et Dives.
Odontites Jaubertiana, Bor. — Pâturages et chemins sablonneux. — Devenu très rare, peut-être même anéanti actuellement par les nouvelles constructions.
Bromus maximus, Desf.
D'autres plantes sont plus généralement répandues, et ne se cantonnent pas dans un endroit particulier.
Glaucium flavum, Cr. (Pavot cornu). — Sables du littoral.

A. DENIZE 59 et 61, rue St-Pierre, **CAEN**
Lingerie pour dames

Cakile maritima, Scop.
Eryngium maritimum, L. — Dans les sables.
Gentiana amarella, L. — Herbages du littoral.
Hyoscyamus niger, L. (Jusquiame, hanebane. — Lieux incultes, talus des fossés.
Euphorbia paralias, L. — Sables maritimes.
Salix arenaria L. (*S. repens* v. *argentea* Kock.) L. — Parties humides des dunes.
Psamma arenaria, Rœm. — Sables maritimes.
Agropyrum junceum, Pal. B. — Sables maritimes.
Ophioglossum vulgatum, L. — Dunes marécageuses.
Althœa officinalis (Guimauve]. — Bords des fossés et des herbages.
Veronica teucrium, L. — Dunes entre l'Orne et la Dives.

(COMMUNIQUÉ PAR M. CORBIÈRES, PROFESSEUR AU LYCÉE DE CHERBOURG.)

A. DENIZE 59 et 61, rue St-Pierre, CAEN
TROUSSEAUX — LAYETTES

Postes et Télégraphes

HEURES DES LEVÉES DES BOITES

	Paris.....	10 h. 50 m. 8 45 s.	Distr. à Paris de 6 à.. — — à....	7 h. »» 7 »»	s. m.
	Le Mans...	12 »» m. 12 30 s. 6 45 s. 8 45 s.	— — — au Mans à.... — — — —	» » » »	»» »» »» »»
	Cherbourg...	12 »» m. 12 30 s.	— à Cherbourg à.. — —	7 6	»» m. »» s.
	Lisieux.....	10 50 m. 8 45 s.	— à Lisieux à.... — —	4 7	»» s. »» m.
A CAEN, pour	Bayeux.....	12 »» m. 12 30 s.	— à Bayeux à.... — —	7 4	»» m. »» s.
	Luc, Langrune	7 »» m. 2 45 s.	— à Luc, Langrune à — —	7 5	»» m. »» s.
	St-Aubin....	7 »» m. 2 45 s.	— à St-Aubin à... — —	7 30 5 30	m. s.
	Bernières....	Une distribution par jour, à....		8 30	m.
	Lion et Her- manville...	7 »» m. 2 45 s.	Distr. à Lion, Hermanville — —	7 6	»» m. »» s.
	Ouistreham..	12 »» m.	— à Ouistreham à..	»	»» m.
	Cabourg, Dives	12 »» m. 2 45 s.	— Cabourg, Dives à. — —	7 30 »	m. »» s.

Télégraphe Caen ouvert de 7 heures matin à minuit.

A. DENIZE 59 et 61, rue St-Pierre, CAEN
TOILES — LINGE DE TABLE

— 96 —

A OUISTREHAM pour	Caen	6	30	s.	Distrib. à Caen à	7 30 m.
	Paris	6	30	s.	— Paris à	7 »» m.
	Cherbourg	6	30	s.	— Cherbourg à	7 »» m.
A LION ET HERMANVILLE pour	Caen	8 5	30 »»	m. s.	— Caen à	4 »» s. 7 20 m.
	Paris	8 5	30 »»	m. s.	— Paris à	7 »» s. 7 »» m.
	Cherbourg	8 5	30 »»	m. s.	— Cherbourg à	7 »» s. 7 30 m.
A LUC, LANGRUNE, St-AUBIN, pour	Caen	5 9	45 52	s. m.	— Caen à	7 30 m. 4 »» s.
	Paris	5 9	43 50	d. m.	— Paris à	7 »» m. 7 »» s.
	Cherbourg	5 9	45 50	s. m.	— Cherbourg à	7 »» m. 6 30 s.
A CABOURG ET DIVES, pour	Caen	7 10	45 »»	s. m.	— Caen à	7 »» m. 3 »» s.
	Paris	7 10 12	45 »» »»	s. m. m.	— Paris à	7 »» m. 5 »» s. 7 »» s.
	Cherbourg	7 10	45 »»	s. m.	— Cherbourg à	7 »» m. 4 »» s.

Télégraphe ouvert l'été de 7 heures du matin à 7 heures du soir.

A. DENIZE 59 et 61, rue St-Pierre, CAEN
SERVIETTES DE TOILETTE

TABLE DES MATIÈRES

	Pages.
ITINÉRAIRE DU TRAMWAY	5
Caen	7
La Tour des Gens-d'Armes	17
Calix	17
La Chapelle	17
Hérouville-Colombelles	19
Beauregard	19
Blainville	20
Château de Bénouville	20
Bénouville	20
Du pont de Bénouville à Luc-sur-Mer	21
Ouistreham	21
Riva-Bella	23
Colleville-sur-Orne	25
Les Hautes-Sentes	27
Brèche d'Hermanville-sur-Mer	27
Lion-sur-Mer	31
Le Haut-Lion	36
Petit-Enfer	36
Luc-sur-Mer	37

	Pages.
Du pont de Bénouville à Cabourg-Dives.	43
Pont de Ranville	44
Ranville.	46
Ferme de la Poste.	46
Amfréville-l'Écarde.	46
Rue Patra.	46
Sallenelles.	47
Moulin Dubuisson	47
Merville.	47
Franceville-Plage.	48
Margaux.	49
Le Home-Sainte-Marie	50
Avenue Bourgeois	50
Le Home-Bonnarie	50
Le Home-Varaville	50
Bas-Cabourg.	51
Cabourg-Pépinière	51
Cabourg.	52
Dives	54
La chanson des Oreillers.	59
Oiseaux	63
Poissons.	73
Signaux de marée	84
Flore du littoral	85
Carte du département du Calvados.	90
Postes et télégraphes.	95

CAEN. — Imprimerie Ch. VALIN, 7 et 9, rue au Canu.